www.ingramcontent.com/pod-product-compliance
Lightning Source LLC
LaVergne TN
LVHW010822051026
849532LV00007B/2599
* 9 7 8 9 3 6 9 0 8 6 9 3 1 *

ہزار آہنگ

(مجموعۂ غزلیات)

خاور قریشی

Hazaar Aahang *(Poetry)*
by: Khawar Qureshi
Edition: October '2025
Publisher :
Taemeer Publications LLC (Michigan, USA / Hyderabad, India)

ISBN 978-93-6908-693-1

کتاب	:	**ہزار آہنگ** (غزلیات)
مصنف	:	**خاور قریشی**
صنف	:	شاعری
ناشر	:	تعمیر پبلی کیشنز (حیدرآباد، انڈیا)
سالِ اشاعت	:	۲۰۲۵ء
صفحات	:	۱۱۴
سرورق ڈیزائن	:	تعمیر ویب ڈیزائن

چُن چُن کے پرودیے ہیں گوہر نایاب
اِس صنفِ سخن سے شاعری میں ہے آب
ہو دیدۂ بینا تو نظر آجائے
مینائے غزل میں زندگانی کی شراب

خاورؔ ۱۹۴۶ء

نغمات میں اِک روح نئی پھونکی ہے
جذبات پہ بنیادِ غزل رکھی ہے
گفتار کا ڈھالا ہے نیا پھر قالب
افکار کو اِک حیاتِ نو بخشی ہے

خاور

۱۹۴۶ء

وہ روحِ میکدہ، شگفتۂ بہار آ گیا
وہی کہ جس کا دیر سے تھا انتظار آ گیا

گماں یہ بار ہا ہُوا کہ تو مرے قریب ہے
کبھی کبھی ترے بغیر بھی قرار آ گیا

سلگ نہ جائے ہر روش گلوں کو آگ لگ نہ جائے!
سنا ہے پھر چمن میں موسمِ بہار آ گیا

الٰہی توبہ! آپ سے جو کوئی بدگمان ہو
بس آپ کہہ رہے ہیں سچ بس اعتبار آ گیا

۶

امید و بیم میں تمام عمر اپنی کٹ گئی
وہ اور ہیں زمانہ جن کو سازگار آگیا

ٹھہر گئے ہیں چلتے چلتے دفعتہً مرے قدم
کبھی مجھے جو یاد تیرا رہگزار آگیا

مہ و ستارہ کی وہ آرزو کرے تو کیوں کرے
جو کوئی تیری انجمن میں ایک بار آگیا

خطا معاف! آپ کی نگہ میں کوئی بات تھی
کوئی فرشتہ ہم نہیں ہمیں کبھی پیار آگیا

تجھے خبر بھی ہے کہ خاور آج تیری بزم میں
گیا تھا بے قرار اور دل فگار آگیا

کراچی ۱۹۵۹ء

نور چھلکا آسماں سے دھوپ سر پہ آگئی
لو! دیارِ کہکشاں سے دھوپ سر پہ آگئی

انقلابِ شب تو دیکھو طائرانِ نغمہ خواں
اڑ گئے سوئے آشیاں سے دھوپ سر پہ آگئی

۷

ظلمتوں سے کم بھیانک تو نہیں یہ روشنی
داغ ہیں کچھ بیکراں سے دھوپ سر پہ آگئی

لگ گئی آنکھ آخرِ شب انتظارِ دوست میں
صبح ہوتے ہی کہاں سے دھوپ سر پہ آگئی

دور ہے منزل، سفر ہے سخت، رہبر محوِ خواب
کہیے میرِ کارواں سے دھوپ سر پہ آگئی

وہ نسیمِ صبح کے نرم و خنک جھونکے کہاں
اٹھیے اب خوابِ گراں سے دھوپ سر پہ آگئی

ہے گریزاں ہم سے خاور سایۂ دیوار بھی
آگے چلتے ہیں یہاں سے دھوپ سر پہ آگئی

کراچی ۱۹۵۸ء

غمِ حیات کی آتش میں بے حسی نہ رہی
یہ کیا ہوا کہ وہ پہلی سی زندگی نہ رہی

خبر نہیں کہ مہ و کہکشاں کا کیا ہوگا
اب آفتاب میں پہلی سی روشنی نہ رہی

۸

دھواں دھواں ہیں در و بام قصرِ ہستی کے
کوئی جگہ بھی یہاں آج امن کی نہ رہی

پرانے ہو گئے یارب! یہ زہرہ و پرویں
رواقِ منظرِ ہستی میں دل کشی نہ رہی

نہ کر سکیں گے مقیّد حقیقتوں کو حجاب
کہ پتیّوں میں کبھی بوئے گُل چھپی نہ رہی

اب اپنی سعیٔ طلب کا بہانہ کیا ہوگا
اِس انجمن میں کوئی چیز اجنبی نہ رہی

طرح طرح کے مجھے یہ فریب دیتے رہے
بہار آئی تو پھولوں کی وہ ہنسی نہ رہی

تمھاری یاد ہے اب تک ندیمِ تنہائی
اگرچہ تم سے مجھے راہ و رسم بھی نہ رہی

قدم قدم پہ مجھے یہ خیال آتا ہے
کہ میں وُہی نہ رہا یا زمیں وُہی نہ رہی

یہاں تو کام و دہن اپنے کب کے سوکھ چکے
ملا ہے جام ہمیں اب کہ تشنگی نہ رہی

۹

میں ایسے دورِ ترقی پہ روتا ہوں خاور
کہ آج دہر میں توقیرِ آدمی نہ رہی

کراچی سنہ ۱۹۵۵ء

یہ اُلٹی ہو گئی تقریب یاد آنے کی
کہ میں نے کھائی قسم تجھ کو بھول جانے کی

مزاجِ گردشِ دوراں کو پا گیا ہوں میں
بدل نہ جائے کہیں چال اب زمانے کی!

وہ جلوہ گاہ جہاں بجلیاں تڑپتی ہیں
کسے مجال وہاں حالِ دل سنانے کی

بہت ہجوم تھا لیکن ترے بغیر اے دوست
بجھی بجھی سی تھی محفل شراب خانے کی

کہاں وہ عہدِ اسیری، کہاں وہ دورِ اماں
کرو نہ بات چمن میں اب آشیانے کی

وہ راہ بھول کے تیرا ہمارے گھر آنا
بہت عجیب ہے شوخی ترے بہانے کی

۱۰

لہو میں رنج کے ہوئی دل کی داستاں رنگیں
کہاں سے لاؤں میں سُرخی اب اس فسانے کی
غضب کیا کہ گلستاں میں تم نے ہنس ہنس کر
سکھائی طرز بہاروں کو مسکرانے کی
جفائیں ہو گئیں ان کی تمام جب خاورؔ
نہیں ہے مجھ کو ضرورت وفا جتانے کی

کراچی		جون ۱۹۵۵ء

کیوں یاد دلانے آئے ہو ماضی کی ملاقاتوں کو
اب زخم کرید کے کیا لو گے رہنے دو اِن باتوں کو
کیا تجھ سے کہوں کیا لذّت تھی بے تابی کے عالم میں
پیہم تیرا وہ یاد آنا میرا اُٹھ بیٹھنا راتوں کو
اس شہر میں رو کے سا گر ہے موتی سیپی لے لو تم
لوگ وطن لے کر جاتے ہیں پردیس سے سوغاتوں کو
ساقی کی نظر ہے دشمنِ جاں زہر بھرا ہے ساغر میں
مدت سے یہی ہے طور یہاں دیکھا ہے بہت گھاتوں کو

۱۱

پھر رنگ زمانے کا بدلا برہم ہوئی پھر بزمِ طرب
پھر شاہدِ ہستی نے چھیڑا افسانۂ غم راتوں کو

کیا راہنما، کیا عالمِ دیں سب کو اپنی اپنی دھن
پابندِ غرض دیکھا تو نہ تھا ہم نے مقدس ذاتوں کو

چلتی ہے یہاں ہر شام و سحر کچھ ایسی ہوا خاور
آئے ہیں کراچی جب سے ہم بھول گئے برساتوں کو

کراچی — سنہ ۱۹۵۴ء

مجھے ڈر ہے کہ ساقی پر نہ کچھ الزام آجائے
کہاں قسمت کہ مجھ تک آج دورِ جام آجائے!

بھری محفل میں لوگوں سے نہ کہہ تو داستاں میری
کہیں ایسا نہ ہو تیرا ابھی اس میں نام آجائے!

مری ناکامیوں پر ہنسنے والو دیکھنا، شاید
کبھی یہ ذوقِ بربادی تمھارے کام آجائے

بھٹکتا پھر رہا ہے کاروانِ زندگی کب سے
قرار اب تو تجھے اے شورشِ ایام آجائے

۱۲

جواں رکھا مذاقِ تشنگی کو عمر بھر میں نے
کہ یوں اہلِ ہوس کو احترامِ جام آجائے

مری فطرت رہی آزاد قیدِ رسمِ ہستی سے
زمانے کی یہ کوشش تھی کہ زیرِ دام آجائے

شعورِ بندگی رہنِ خرد پھر رہ نہیں سکتا
حدودِ آگہی میں جب جنونِ خام آجائے

ابھی آغازِ فتنہ ہے سکون و امن کی زد میں
کوئی اے کاش! پھر صورت گرِ انجام آجائے

بڑی مدت سے روحِ زندگی رنجور ہے خاور
نہ جانے کب کوئی پھر انقلابِ عام آجائے

کراچی ۱۹۵۴ء

ساقی! یہ قیامت ہے تری نیم نگاہی
رندوں پہ نہ آجائے کہیں کوئی تباہی!

روشن مہ و انجم ہیں تمنا کی ضیا سے
لائی ہے اجالا ابھی شبِ غم کی سیاہی

۱۳

مصروف ہے اک کوششِ جرأت میں مرا شوق
دل میں ہے ابھی حسرتِ ناکردہ گناہی

مجھ سا تو کوئی دہر میں محرم نہیں تیرا
لاؤں گا ترے حسن پہ میں کس کی گواہی

ٹھوکر میں زمانے کی ہوں برسوں سے میں ورنہ
تم نے تو کبھی ایسی کوئی بات نہ چاہی

اس رزم گہِ زیست میں شمشیر ہے ہمت
اس جنگ میں جو ہار نہ مانے وہ سپاہی

ہے قافلۂ شب کو بھی منزل کی تمنا
یہ چاند ستارے بھی تو ہیں اصل میں راہی

اس جادۂ ہستی کا سفر سخت ہے خاور
دے عزمِ جواں، عزمِ جواں سب کو الٰہی!

کراچی — ۱۹۵۴ء

اب نہ کر دے آدمی کو رنجِ مستقبل خموش!
وقت کی آواز ہے اے بزمِ آب و گِل خموش!

۱۴

زندگانی کے تعاقب میں ہیں غم کے کارواں
ڈر تو یہ ہے اب نہ ہو جائے چراغِ دل خموش!

یہ خنک ماحول اور یہ سیمگوں شب کا نکھار!
ٹھٹھرے ٹھٹھرے سہمے ہیں تارے اور مہِ کامل خموش!

رات کی آغوش میں یوں سو رہی ہے چاندنی
جیسے کوئی مطرب بیہوش سرِ محفل خموش

کیا خبر کتنے سفینے نذرِ طوفاں ہو گئے
آج تک بارِ گرانِ غم سے ہے ساحل خموش

کیا ترے دیوانے آپہنچے ہیں حدِ فہم تک
آج کیوں بیٹھے ہیں یہ آوارۂ منزل خموش

آتشیں نغموں سے پگھلی جا رہی ہے کائنات
اب نہ ہو جائے کہیں اے دوست سازِ دل خموش!

آہ عبرت ناک ہے کس درجہ یہ دورِ حیات
زینتِ محفل ہیں ناداں اور ہیں عاقل خموش

راہ دکھلاتے ہیں مجھ کو تیری یادوں کے چراغ
سرنگوں ہیں ظلمتیں اندیشۂ باطل خموش

مدتوں سے خواب آلودہ ہے روحِ میکدہ
بادہ کش برسوں سے ہیں کچھ بے خبر، غافل، خموش
ڈوبتی جاتی ہے خاور آج نبضِ زندگی
اب نہ کردے آدمی کو رنجِ مستقبل خموش!

کراچی ۱۹۵۴ء

غم ہی میں نہیں کچھ مجھے آرام ملا ہے
دل بھی تو باندازۂ آلام ملا ہے
لطف اور کبھی اے گردشِ ایام ملا ہے
اِک حادثہ تو مجھے ہر گام ملا ہے
شرمندۂ ساقی نہ ہوئی تشنگیٔ شوق
کچھ غم نہیں مجھ کو جو تہی جام ملا ہے
میں ہوں ابھی آوارۂ نیرنگِ تمنّا
بے ذوقِ طلب ولولۂ عام ملا ہے
کیا آرزو دے تکملۂ غم ہو کسی کو
جب دل کی جگہ اک شررِ خام ملا ہے

۱۶

منکر تو نہیں تیری مشیت کا میں لیکن
راحت کا جہاں میں کسے پیغام ملا ہے!

شاید کوئی مژدہ ہے یہ تکمیلِ سفر کا
راہوں میں جو ہر گام پہ اک دام ملا ہے

میں اہلِ جہاں کے لئے افسانہ بنا ہوں
صد شکر کہ الفت میں بڑا نام ملا ہے

بے تاب ابھی ہے ابھی آمادۂ تسکیں
کیا کام تجھے اے دلِ خودکام ملا ہے!

پھر جمع ہوئے بزم میں رندانِ قدح خوار
شاید کوئی پھر میکدہ آشام ملا ہے

دشوار پسندی مرے کام آ گئی خاور
اک سنگِ حوادث مجھے انعام ملا ہے

۱۹۵۴ء   کراچی

○

چلے ہیں صحنِ چمن سے نکل کے دیوانے
بہار آئی ہے آباد ہوں گے ویرانے

۱۷

فریب خوردۂ دنیا تھے کب سے دیوانے
خدا کا شکر! پکارا جنوں کو صحرا نے

مری طرف سے نگاہیں نہ پھیر محفل میں
ذرا سی بات کے ورنہ بنیں گے افسانے

جو ایک میکدہ چھوٹا تو غم نہیں مجھ کو
مذاقِ بادہ سلامت! ہزار میخانے

شعورِ سجدہ کو درپیش آزمائش تھی
حرم کی راہ میں آئے بہت سے بتخانے

نگاہِ شوخ کا ان کی بہت تقاضا تھا
یہ اور بات کہ ہم سے رہے وہ بیگانے

مزا تو جب ہے کہ سوزِ دروں میسر ہو
پرائی آگ میں جلتے ہیں خاک پروانے

شبِ فراق رہینِ مہ و ستارہ نہیں
کہ سوزِ دل سے منور ہیں غم کے کاشانے

کبھی ملی ہیں جو ساقی سے خود بخود نظریں
وفورِ جوش میں ٹکرا گئے ہیں پیمانے

۱۸

شگفتِ لالہ و گل، داغِ دل جگر کا لہو
کرو قبول بہارو! یہ میرے نذرانے
جو منزل اپنی تھی قدموں میں آ گئی خاور
بھٹک رہا ہے کہاں کارواں خدا جانے!

کراچی		۱۹۵۴ء

پرکھا ہے ایک عمر ثواب و گناہ کو
میں جانتا ہوں عشق کی ہر رسم و راہ کو
ڈھالا مرے لبوں نے تبسم میں آہ کو
وہ اور ہیں جو روتے ہیں روزِ سیاہ کو
اک سیلِ حسن تھا کہ گزرتا چلا گیا
میں ڈھونڈتا ہی رہ گیا اپنی نگاہ کو
رکھی ہے غم نے جوہرِ قابل کی آبرو
ترسا ہے نفس دہر میں اکثر پناہ کو
یہ تو فقط ہیں سنگِ نشاں راہِ شوق میں
منزل سمجھ رہا تھا میں اِن مہر و ماہ کو

۱۹

ذوقِ خودی نہ معرفتِ قلب ہے وہاں
اب بند کر دو مدرسہ و خانقاہ کو

اے برق! میرا ذوقِ تباہی ہے منتظر
آ خاک کر ذرا مرے برگ و گیاہ کو

ممنون اُن کا ہوں کہ یہ حالت ہوئی مری
جو پوچھتے ہیں اب مرے حالِ تباہ کو

خاور کی کیا مجال کہ شکوہ بھی کر سکے
منہ کھولنے کا حکم نہیں دادخواہ کو

کراچی ۱۹۵۲ء

○

ازل میں جب ترے جلوے عیاں ہوئے ہوں گے
تڑپ کے عشق کے ارماں جواں ہوئے ہوں گے

وہ انقلاب جو تیری نظر کا پرتو ہیں
تری نگاہ سے واقف کہاں ہوئے ہوں گے

پھر اُن کی خاک سے ترتیبِ گلستاں ہوگی
وہ چند پھول جو صرفِ خزاں ہوئے ہوں گے

۲۰

کبھی گِلہ نہ کیا اجتناب کا اُن سے
مری روش سے بہت سرگراں ہوئے ہوں گے
مسافرانِ رہِ عشق ہم سے پہلے بھی
قتیلِ راہبرِ کارواں ہوئے ہوں گے
بہار نے جو لگائی تھی آگ گلشن میں
تباہ اس سے بہت آشیاں ہوئے ہوں گے
دیا ہے خونِ جگر اِس زمیں کو خاور نے
سخن در اور بھی رنگیں بیاں ہوئے ہوں گے

کراچی ۱۹۵۴ء

○

جو بڑھ کے جوش میں زنداں کو توڑ سکتے ہیں
وہ رخ زمانے کے طوفاں کا موڑ سکتے ہیں
وہ آشنائے حوادث ہیں دہر میں ہم لوگ
طلسمِ فتنۂ دوراں کو توڑ سکتے ہیں
ملا ہے عشق میں بازوئے حیدری ہم کو
کلائی دیوِ فلک کی مروڑ سکتے ہیں

۲۱

ہم انقلاب کی آغوش میں ہوئے ہیں جوان
نصیبِ خفتہ کو کبھی ہم جھنجھوڑ سکتے ہیں

ازل سے راہِ عمل میں ہے ہر قدم اپنا
وہ ہم نہیں جو روش اپنی چھوڑ سکتے ہیں

میسر آئے اگر سوزِ عشقِ ابراہیمؑ
حدودِ عالمِ امکاں کو توڑ سکتے ہیں

دکھا نہ دور سے ساغر کہ ہم وہ عارف ہیں
رگوں سے پھول کی بادہ نچوڑ سکتے ہیں

غضب مزاج میں آئے جو ہم سے رند دلگے
تو میکدے کا ہر اک جام توڑ سکتے ہیں

نہیں ہے جبکہ ہمیں خوف موت کا خاور
عدم سے رشتۂ ہستی کو جوڑ سکتے ہیں

کراچی	۱۹۵۴ء

○

جادۂ شوق میں ندیم! محو ہوا ہیں اس قدر
پاؤں اٹھا ہے کس طرف یہ بھی نہیں مجھے خبر

۲۲

ہائے رے ذوقِ جستجو پھرتا رہا میں دربدر
ڈھونڈا کیا میں دور دور تھا وہ مگر قریب تر

ایک نظر میں جانے کیا حال یہ تم نے کر دیا
یہ تو کہو چلے کہاں اب مرے دل کو توڑ کر

لذتِ انتظار بھی کتنی عجیب چیز ہے
دھوکا تمھارا ہو گیا مجھ کو ہوا کی چال پر

جاگ مرے نصیب جاگ! ٹوٹ گیا فسونِ خواب
ختم ہوئی سیاہ رات ہنستی ہوئی اٹھی سحر

محفلِ کائنات میں جلووں کا اژدھام تھا
میں تھا وہاں پہ اجنبی اٹھ نہ سکی مری نظر

مجھکو ہے جستجو تری ہائے بتا کہاں ہے تو
اُسکی بھی آرزو کروں جو ہو بہشت تیرا گھر

جھونکے خنک ہواؤں کے لوریاں دے کے سو گئے
آج کسی کی یاد میں نیند نہ آئی رات بھر!

دیکھو مجھے کہ میں وہی خاورِ دل گرفتہ ہوں
میری نوائے شوق ہے نعرۂ ہُو دمِ سحر!

کراچی ۱۹۵۳ء

۲۳

فریبِ خوردۂ منزل یہ کارواں تو نہیں
حیات جبر سہی اِس میں کچھ زیاں تو نہیں

فلک سے جھانک رہا ہے پھر انقلاب اُدھر
غمِ زمانہ کہیں مجھ پہ مہرباں تو نہیں

کبھی یہ خوف کہ راہِ حیات ہے پُرخار
کبھی یہ فکر کہ دشمن یہ آسماں تو نہیں

ہزار بند سلاسل ہیں آدمی کے لیے
مگر یہ کشمکشِ عزم رائیگاں تو نہیں

جو تابِ زیست نہ لائے وہ مر گئے آخر
جو اپنی موت سے کھیلے وہ بے نشاں تو نہیں

فضائیں گونج رہی ہیں نجوم لرزاں ہیں
یہ اب کے حشر نہ ہو، شورِ کن فکاں تو نہیں

بہار آئی، کھِلے پھول، چھلکے پیمانے
یہ بلبلوں کو کہیں دعوتِ فغاں تو نہیں

عزیز رکھتا ہوں اِس کو کہ یہ امانت ہے
میں جانتا ہوں کہ یہ عمر جاوداں تو نہیں
یہ لفظ آئے ہیں دل سے زبان پر خاور
کچھ اپنی طرزِ سخن پر مجھے گماں تو نہیں

کراچی　　　　　　۱۹۵۲ء

غم نہیں مجھ کو، ہے اگر راہِ حیات پر خطر
عشق ہے میرا ہمسفر میں ہوں خود اپنا راہبر
میری خودی ہے رازجو۔ میرا جنوں ہے ہوشمند
یہ وہ مقام ہے جہاں جلتے خرد کے بھی ہیں پر
حادثہ ہوگا اور کیا شورشِ کن فکاں کے بعد
حشر سے یہ بھی کم نہیں آیا وجود میں بشر!
روزِ ازل سے آدمی مستِ شرابِ جستجو
زیست تمام قافلہ، سارا جہاں ہے رہگزر
تشنہ لبی نے رکھ لی لاج ورنہ کہاں یہ ظرف تھا
بن گئی میرے واسطے تلخیٔ دہر نیشکر!

۲۵

زمزمۂ بہار سے اہلِ چمن ہیں وجد میں
یہ ہیں اسیرِ جلوہ سب کوئی نہیں ہے دیدہ ور

بزمِ وجود ماند ہے، تیز ہے سیلِ انقلاب
عزمِ بلند المدد! فتنۂ عصر الحذر!

گو ہیں تجلیاں بہت کوئی نہیں یہاں کلیمؑ
طُور کی جستجو عبث دل میں اگر نہیں شرر

آئینۂ حیات میں جلوہ فگن ہے میری ذات
میری نظر ہے خود شناس میں تو نہیں ہوں خودنگر

لایا ہے بزمِ دہر میں ذوقِ وجود کیوں مجھے
میرا تو دم ہی گھٹ گیا رسمِ زمانہ دیکھ کر

پائے ثبات مرحبا! ذوقِ جہاد زندہ باد!
مثلِ صبا گزر گئے فتنے یہاں تھے جس قدر

ہمسفرو! بڑھے چلو دور ہے منزلِ مراد
تیز تر اور تیز تر پاؤں بڑھاؤ تیز تر

کراچی ۱۹۵۲ء

۲۶

ہر ایک سمت پریشاں وہی غبار ہے اب تک
چمن کو فصلِ بہاراں کا انتظار ہے ابتک

اُسی طرح ہے ابھی روحِ کائنات آزردہ
فضائے انجمنِ دہر سوگوار ہے اب تک

صلہ یہ پایا ہے سوزِ جگر کا غم میں ہم نے
بس اپنے حال پہ رونے کا اختیار ہے ابتک

ملا ہے فطرتِ ہستی کو وہ تلوّن پیہم
کہ انقلاب کی زد میں اسے قرار ہے ابتک

مہ و نجوم تو ٹھنڈے پڑے سحر کی آمد پہ
خدا گواہ کہ سینے میں اک شرار ہے اب تک

غمِ زمانہ کی سوگند یہ کرم بھی کیا کم ہے
کہ آسماں تو وہی سر پہ برقرار ہے اب تک

ہم انقلابِ تمدّن کے معترف ! مگر یہ کیا
ہنروروں کا زمانے میں بخت خوار ہے ابتک

۲۷

بہار آئے گی اِک روز اِس چمن میں بھی خاورؔ
کسی کو ہو نہ ہو ہم کو تو اعتبار ہے اب تک

کراچی ۱۹۵۲ء

○

ٹوٹے ہیں اسطرح مرے بختِ رسا کے ہاتھ
دشمن بنا لیا انھیں اپنا، ملا کے ہاتھ

دیتی ہے داغ روز نیا میرے قلب کو
کیا معجزہ عجب یہ لگا ہے قضا کے ہاتھ

اللہ کرے رہے ترے سینے پہ یہ مدام
یہ جو ہٹا لیا ہے مرے سینے پہ لا کے ہاتھ

اِس طرزِ التفات کو میں کیا کہوں ندیمؔ!
ظالم نے مجھ سے کھینچ لیا پھر بڑھا کے ہاتھ

سرشار ہیں نظارے فضائیں ہیں واژگوں
یعنی رنگے ہوئے ہیں حنا سے صبا کے ہاتھ

میرے سوالِ شوق کا بس یہ دیا جواب
خاموش ہو گئے وہ مرا گدا کے ہاتھ

۲۸

پھر جوشِ اضطراب میں خاموش ہو گئے
خاؔور دعا کو بھول گئے تم اٹھا کے ہاتھ

کراچی ۱۹۵۲ء

بلبلیں روتی ہیں چنگھاڑتے ہیں زاغ و زغن
تختِ و تاراجِ خزاں ہو نہ کہیں پھر گلشن!
دوستوں نے وہ ستم ڈھائے کہ جی جانتا ہے
ہائے کس منہ سے کہوں دشمنوں کو میں دشمن!
میں نے اخلاص و مروّت میں کئی کھائے ہیں فریب
راہبر جن کو میں سمجھا تھا وہ نکلے رہزن!
جس جگہ شام ہوئی رات بسر کر لی وہیں
اپنے قدموں میں لئے پھرتا ہوں میں اپنا وطن
چٹکیاں لی ہیں مرے قلب میں عشرت نے کبھی
کبھی تسکینِ دل و جاں ہوئے ہیں رنج و محن
اک نئے دور کا کرنا ہے اب آغاز ہمیں
آؤ نا توڑ بھی دیں آج روایاتِ کہن

۲۹

خوف کیا جو ہے مرے گرد اندھیروں کا حصار
للہ الحمد کہ اب بھی ہے مرا دل روشن

حادثے میرے عزائم سے الجھتے ہی رہے
پڑنے پائی نہیں ہرگز مرے ماتھے پہ شکن

ابھی اِس بزم میں غوغائے طرب ہے خاورؔ
کس کو فرصت ہے کہ سمجھے مرا اندازِ سخن

کراچی ۱۹۵۱ء

نہیں رہی آرزو سکوں کی بدل دیا زیست کا قرینہ
مٹا دیا عیش کی ہوس کو کیا ہے آباد غم سے سینہ

جو میرے خاتم کی آبرو تھا جو میری غفلت سے کھو گیا تھا
حیات کی تیرگی میں اب تک تلاش کرتا ہوں وہ نگینہ

جو بڑھ کے خود ہاتھ میں اٹھا لے یہاں تو پیمانہ ہے اسی کا
یہاں پہ ساقی کوئی نہیں ہے کہ سب کو بانٹے مئے شبینہ

حیات کے بحرِ بیکراں میں وجود انساں کا اِس طرح ہے
کبھی تلاطم کا سامنا ہے کبھی تھپیڑوں میں ہے سفینہ

۳۰

بموں کی چنگھاڑ ہے فضا میں زمین کا دل دہل رہا ہے
جسے بنایا تھا سب سے افضل وہی بشر آج ہے کمینہ

الٰہی یہ انجمن ہے کیسی کہ بزم ہے ایک رنگ دو ہیں
کہیں چھلکتے ہیں جام و مینا کہیں پہ ہے چور آبگینہ

ذرا خزاں اب کے آ تو جائے یہ راز میں پوچھ کر رہوں گا
بہار نے کس کے واسطے یوں لٹا دیا ہے حسیں خزینہ

یہ چند موتی تھے میری پونجی انھیں بھی دستِ ستم نے چھینا
ہزار دکھ جھیل کر تو میں نے کیا تھا اشکوں کا یہ دفینہ

تڑپ رہا ہوں کسی کے غم میں بتاؤں کیا دل کا اپنے عالم
برس برس ایک اک گھڑی ہے صدی صدی ایک اک مہینہ

کراچی
سنہ ۱۹۶۰ء

○

خبر یہ لایا ہے گلشن میں غنچۂ سحری
کہ پھر سے ہو گئی بیدار فطرتِ بشری

ہوا ہے واقفِ اسرار پھر ضمیر مرا
حواس پر سے اٹھا ہے جمودِ بے خبری

۳۱

کوئی بھی جلوہ حدودِ نظر سے دور نہیں
قسم خدا کی تجھے اے مذاقِ دیدہ وری!
شکست دے نہ سکی مجھ کو گردشِ ایّام
سکھائیں عزم نے مجھ کو رموزِ راہبری
نظر ہے پاک مری ، دل ہے میرا آئینہ
فریب دے گا مجھے کیا طلسمِ شیشہ گری
ازل سے محرمِ اسرارِ رنگ و بو ہوں میں
رہا ہے میرا تخیل کثافتوں سے بری
یہ انتہائے محبت ہے اے جمالِ دوست!
نہیں ہے عشق کو منظور تیری پردہ دری
کمالِ شوق، سراپا نگاہ بن جانا
تلاشِ جلوۂ تاباں، دلیلِ کم نظری
گلوں کے آہی گیا کام گریۂ شبنم
نوید فصلِ بہاراں! چمن کی گود بھری!
نہیں رکے گا کہیں پر یہ کاروانِ حیات
کہ تازہ دم نظر آتا ہے اب ہر اک سفری

۳۲

تمام روئے زمیں ہے مرا وطن خاور
وہ خاکِ "دہلی" ہو یا ریگِ "سندھ" و کوہِ "مری"

کراچی سنہ ۱۹۵۰ء

واہ یہ ذوقِ سفر! واہ رے جوشِ تگ و دو!
فتحِ منزل کی بشارت ہو تجھے اے رہرو!
ظلمتوں میں دلِ پُرسوز ہے میری قندیل
روغنِ خوں سے منوّر ہے مری شمع کی لَو!
میری تخلیق تھی ہستی میں اُجالے کی نمود
مہ و خورشید تو ہیں میری نظر کا پرتو!
صفحۂ دہر پہ باقی ہیں فسانے اُن کے
اب کہاں قیصر و کسریٰ و قباد و خسرو!
پھر نئے ڈھنگ سے آراستہ دنیا ہوگی
پھر باندازِ دگر جلوہ نما ہے مہِ نو!
موجزن ہے مرے دل میں نئی تعمیر کی روح
میں ہوں آزاد نہیں رسمِ کہن کا پیرو

۳۳

زندگی جنسِ گراں مایہ ہے انساں کے لیئے
اِس کی قیمت تو نہیں محض کفِ گندم و جو!
دل ہے تاریک تو ہیں عقل و نظر بھی تاریک
چشمِ بے نور کو بے فائدہ ہے مہر کی ضو
سحر و شام کے افسوں سے گزر جا خاورؔ
راہ کب دیکھتی ہے بہتے ہوئے وقت کی رو!

کراچی — سنہ ۱۹۵۰ء

دشمن وہ نہیں جس کو کہتے ہیں کھلا دشمن
روباہ سے بدتر ہے اِک دوست نما دشمن
یارب! یہ جہاں کیا ہے، کیسا ہے نظام اِس کا
سارے ہیں بنی آدم وہ دوست ہوں یا دشمن
ہر روز رفیق اپنا بنتا ہے نیا کوئی
ہر روز بناتا ہوں میں ایک نیا دشمن
کیا کام ہمیں ان سے روشن ہے ضمیر اپنا
دستور ہے دنیا کا کہتے ہیں بُرا دشمن

۳۴

معیار یہی ہے کیا معراجِ تمدن کا
یہ اُس کا بنا دشمن اِس کا وہ بنا دشمن

ہمت کے سہارے میں خطروں سے گزر آیا
دشوار تھی منزل بھی اور گھات میں تھا دشمن

اے گردشِ دوراں، آ! میں تیری بلائیں لوں
ماحول کی تو دشمن ، ماحول مرا دشمن

ہر سمت ہیں ایٹم بم یہ کیوں نہ سمجھ لوں میں
انسان ہے انساں کا خود سب سے بڑا دشمن

پیمانِ وفا باندھوں اب کس سے یہاں خاور
اس دور میں کیا کہیے ہیں دوست وفا دشمن

کراچی ۱۹۵۰ء

گم ابھی قافلۂ عمرِ رواں ہے کہ جو تھا
دھوپ کا سایۂ ظلمت پہ گماں ہے کہ جو تھا

میں رہا گرمِ سفر روزِ ازل سے لیکن
سامنے پھر بھی وہی سنگِ نشاں ہے کہ جو تھا

۳۵

مسکرانے کی ہمہ عمر بہت کوشش کی
وہی غم ہے وہی آہوں کا دھواں ہے کہ جو تھا

کارواں کتنی بہاروں کے لئے گلشن میں
موسمِ گل کو وہی بیمِ خزاں ہے کہ جو تھا

اُس طرف یاس و الم ، رنج و مصائب کے ہجوم
اِس طرف ایک دلِ مردِ جواں ہے کہ جو تھا

روزِ روشن کا نظر کو ابھی احساس نہیں
یہ جہاں اب بھی وہی خوابِ گراں ہے کہ جو تھا

تند ہے بادِ مخالف رہِ ہستی ہے دراز
عزم میرا مگر اِک کوہِ گراں ہے کہ جو تھا

آج پھر دست و گریباں ہیں خرد اور جنوں
پھر وہی مسئلۂ سود و زیاں ہے کہ جو تھا

گرمیٔ بزمِ جہاں ہے وہی اب تک نادر
وہی میں ہوں وہی دورِ گریزاں ہے کہ جو تھا

۱۹۴۹ء

کراچی

مجھ کو یہ ملا سوزِ دروں کا صلہ آخر
پیدا ہوا دل میں نیا ولولہ آخر

برسوں سے مرے سینے میں جو سویا ہوا تھا
گونج اٹھا فضاؤں میں وہی غلغلہ آخر

کہتے ہیں کہ مشکل ہے گزر جانا خرد سے
طے کر ہی لیا میں نے تو یہ مرحلہ آخر

اربابِ خرد سنتے رہے دائم تو ہم
حل کر نہ سکے عشق کا وہ مسئلہ آخر

مشرق سے ابھر آیا ہے خورشیدِ جہاں تاب
اب ختم اندھیروں کا ہوا سلسلہ آخر

آوازِ جرس تھی کہ وہ ہادی کی ندا تھی
منزل کی طرف چل ہی دیا قافلہ آخر

بے خوف چلا آیا میں ہر راہگزر سے
کام آ گیا خاور دلِ ذی حوصلہ آخر

کراچی ۱۹۴۹ء

۳۷

عجب نظام ہے تیرے جہان کا یارب!
کبھی یہ تھکتا نہیں کاروانِ روز و شب

سحر کی ہوتی ہے آسان اِس طرح منزل
تمام رات یہ گردش میں رہتے ہیں کوکب

ابھی تو اور بڑھے گا ہجوم پیاسوں کا
ہزار پیرِ طریقت ہیں رندِ بد مشرب

فریبِ لالہ و گل، دامِ رنگ و بو سے گزر
کہ سوزِ عشق سے محکم ہے زندگی کی طلب

تجھے بتاتا ہوں میں گُر یہ کامرانی کا
ترے خلاف ہو دنیا نہ اُس سے ہرگز دب

گنوا گئی اُسے ظلمت میں دانشِ افرنگ
نہ کھو سکی جسے بستی میں دانشِ مکتب

تو خود ہے حال سے خاور کے باخبر لاریب
ترے حضور ہے یہ دادخواہ مہر بلب!

کراچی ۱۹۴۹ء

رہ میں کئی طوفاں ہیں غباروں سے نہ کہنا
افسانۂ غم درد کے ماروں سے نہ کہنا

کیا جاؤں میں گلشن میں کہ اب چبھتے ہیں گل بھی
یہ بات مگر دشت کے خاروں سے نہ کہنا

یہ ٹوٹ پڑیں گے یہ لرزتے ہوئے دل ہیں
ہاں! رازِ محبت کا ستاروں سے نہ کہنا

اللہ نگہباں ہے مگر قافلے والو!
جانا ہے کدھر راہگزاروں سے نہ کہنا

اے خاکِ چمن یاد رہے اب کے خزاں میں
گلشن پہ جو گزری ہے بہاروں سے نہ کہنا

کب آتا ہے دنیا میں کوئی کام کسی کے
ہشیار کہ حاجت کبھی یاروں سے نہ کہنا

خاور کسے تم چاہتے ہو؟ سب نے یہ پوچھا
کہنے لگے وہ مجھ سے "اشاروں سے نہ کہنا"

کراچی ۱۹۴۹ء

۳۹

اِدھر ہے بے قراری جان کو دل بھی نہیں بس میں
اُدھر سرگوشیاں کرتے ہیں حسن و عشق آپس میں

شباب و حسنِ ہستی تیرے صدقے! مطربِ رنگیں !
گلا یہ نور کا اُس پر صدا ڈوبی ہوئی رس میں!

بتوں کی بیوفائی پر نہیں ان کی نظر ورنہ
برہمن بت پرستی سے کریں توبہ بنارس میں

ہمارا میکدہ، پھر جام اپنا ہی رہے خالی
بدل دیں آؤ اٹھ کر آج مےنوشی کی سب رسمیں

کچھ اِس انداز سے دوڑی ہے اب کے روحِ آزادی
کہ جاں پڑنے لگی ہے دشت کے ہر خار میں خس میں

پکارا ہے مجھے افلاک سے پچھلے پہر کس نے
ھو اللہ الاحد کی گونج اٹھی میری نس نس میں

حقیقت پھر حقیقت ہے، تصنع پھر تصنع ہے
میں خاور سچ کا قائل ہوں میں جھوٹی کھاؤں کیوں قسمیں!

کراچی ۱۹۴۹ء

اب تو یہ تقاضا ہے خودی کا
انداز بدل دو زندگی کا
اللہ رے غم کی جانگدازی
منھ آج اتر گیا خوشی کا
پامالِ بہار ہیں تو بس یہ
رونا ہے گلوں کی سادگی کا
چہروں پہ شگفتگی پھر آئی
اترا ہے خمار گمرہی کا
جامِ مئے عشق اب کہاں ہے
یہ ذوق تو اٹھ چکا کبھی کا
دل مونسِ غم رہا شب و روز
جاتا ہی رہا قرار جی کا
تسخیرِ فلک کی ہے جو خواہش
احساس مٹا دے بے پری کا

۴۱

ناکامِ طلب! ذرا اِدھر آ
گُر تجھ کو بتاؤں خودگری کا
معراجِ محمدیؐ سے میں نے
سمجھا ہے مقامِ آدمی کا
تم ڈھونڈ رہے ہو کس کو خاورؔ
کوئی بھی نہیں یہاں کسی کا

کراچی		۱۹۴۶ء

تمام بزمِ جہاں ماند ہے، چہ بوالعجبی!
نہ رنگ لائی بصد افسوس آہِ نیم شبی!
بپا ہے رزم وہی آج برتری کے لئے
وہی تفاوتِ نسلی، تکبرِ نسبی!
نہیں ہے دور نگاہوں سے کچھ درِ کعبہ
فقط ہے راہ میں حائل طلسمِ بولہبی
جواں ہے زیست اگر دل میں سوز باقی ہے
تلاشِ راحتِ دل ہے دلیلِ کم طلبی

۴۲

خدا گواہ کہ سیلِ روانِ ہستی میں
اجل کے خوف سے رونما ہے سخت بے ادبی
زمانہ سُن نہ سکا میرے قلب کی دھڑکن
کہ دب کے رہ گئی میری نوائے زیرِ لبی
ہزار چشمۂ حیواں مرے قدم لیں گے
کہ جب کمال پہ پہنچے گی میری تشنہ لبی
شگفتہ کام رہوں گا میں تاابد خاور
کرم کریں گے اگر مجھ پہ ساقئ عربیؐ

کراچی ۱۹۴۹ء

سوزِ عشق سے میں نے مسلکِ وفا پایا
دل کی آرزو سمجھی، غم کا مدّعا پایا
حوصلہ دیا تھا وہ مجھ کو جراتِ غم نے
میں نے ہر مصیبت کو اپنا آشنا پایا
دل جلا تو غم کیا ہے خاک بن گئی اکسیر
عشق نے مرے آخر مرتبہ بڑا پایا

۴۳

راس آگئی مجھ کو سختیٔ رہِ ہستی
مشکلوں کی الجھن میں جینے کا مزا پایا

عزم اِک نیا بخشا ہر قدم پہ تہمت نے
زندگی نے ہر لمحہ ولولہ نیا پایا

رات بھر درخشاں تھے کتنے دل اُمیدوں سے
صبحدم ستاروں کو ڈوبتا ہوا پایا

عدل کی جہاں دیکھی دستِ جبر میں میزاں
آہ سے ہلا ڈالا دل نے عرش کا پایا

دردِ دل، غمِ دوراں، تلخیٔ شرابِ زیست
ہو گئے یہ سب میرے، عشق میں نہ کیا پایا

آج یادِ غالبؔ میں چوٹ سی لگی دل پر
انجمن میں خاورؔ کو پھر غزل سرا پایا

کراچی　　　　　　　　　　۱۹۴۹ء

مجھی سے آکے کہتے ہو کہ سرگرمِ فغاں کیوں ہو
تمھی کہہ دو کہ مجھ سے اِسقدر دامن کشاں کیوں ہو

۴۴

تمہارے نام سے رنگیں ہوئی ہے داستاں میری
مری الفت مرے ہی دم سے رسوائے جہاں کیوں ہو

خدا جانے ابھی کیا کیا ستم تم مجھ پہ ڈھاؤ گے
مجھے معلوم ہے کیا مصلحت ہے مہرباں کیوں ہو

مری دیوانگی کو بعد میں الزام دینا تم
مجھے پہلے یہ بتلاؤ کہ آخر تم جواں کیوں ہو

کہو ایماں سے جب ہو گئے تم دوست دشمن کے
تو پھر اغیار کے کہنے سے میرا امتحاں کیوں ہو

مزا جب ہے ملے کچھ داد میرے شوق کی مجھ کو
جو تم کو حسن پر ہے ناز پردے میں نہاں کیوں ہو

ہر اک تعمیر ہوتی ہے یہاں تخریب سے خاور
مری ناکامیوں پر زندگانی خوں فشاں کیوں ہو

کراچی ۱۹۴۹ء

مری جستجو کی زد میں ہے جہاں کی ہر بلندی
کہ ملی ہے ہمتوں سے مرے دل کو ارجمندی

غمِ عشق کی طلب کر، یہی کارِ بندگی ہے
کہ شکایتِ زمانہ تو ہے کارِ گوسفندی

نہ کوئی نشانِ جادہ، نہ کوئی ندیم و رہبر
مرا ہر قدم اٹھا ہے بکمالِ ہوشمندی

نہیں یاد کیا جہاں کو مرے خونِ دل کی رونق؟
وہ تبسّمِ بہاراں، وہ چمن کی لالہ بندی

یہ ہے میری بے نیازی کہ ہنوز راز ہے تو
ہمہ تن میں سوزِ غم ہوں، یہ مری نیازمندی

یہ مقامِ بندگی ہے مجھے ناز کیا ہو اِس پہ
کہ نہیں مجھے گوارا یہ خیالِ خود پسندی!

غمِ جاوداں کی ضَو سے مرے دل میں روشنی ہے
کہ متاعِ زندگی ہے مجھے سوزِ دردمندی

نہ سمجھ سکے گا کوئی مرے عزم کا تقاضا
یہ کسے خبر کہ کیا ہے مرے شوق کی بلندی!

سرِ بزم ہے غزلخواں بہ ادائے خاص خاور
اسے سوزِ دل نے آخر بڑی گرمیِ سخن دی

کراچی ۱۹۴۹ء

۴۶

لب پر فغاں نہ آئی نہ فریاد کے لئے
میں رہ گیا تھا فتنۂ بیداد کے لئے

میں تھا ستم نصیب غمِ روزگار نے
بڑھ کر قدم مرے دلِ ناشاد کے لئے

ہر روز آسمان بدلتا ہے رنگ اور
زندہ ہوں میں ابھی غمِ فریاد کے لئے

کرتا ہوں نذر شورشِ دوراں کو اپنی جاں
دل ہے زمانۂ ستم ایجاد کے لئے

ملتا نہیں میں ہاتھ تباہی کے رنج پر
روتا نہیں میں عشرتِ برباد کے لئے

رویا کریں گے اہلِ ستم مجھ کو میرے بعد
بے تاب ہوں گے فتنے مری یاد کے لئے

خاور نہیں ہے راس مجھے قید باد و آب
دنیا نہیں یہ بندۂ آزاد کے لئے

کراچی
سنہ ۱۹۴۹ء

○

طلبِ رازِ حقیقت نے کیا خوار تو کیا
نہ ہوئے فاش اگر دہر کے اسرار تو کیا

کسی منزل پہ مرے پاؤں نہ ٹھہرے تھک کر
کر سکے طے نہ اگر وادیٔ پُر خار تو کیا

کسی تعمیر کا عنواں تو بنا میرا زوال
کامیابی کے نہ پیدا ہوئے آثار تو کیا

سرنگوں کر ہی لیا کوہ کو ہمّت نے مری
دیو سے بن گئے راہوں میں جو دیوار تو کیا

غم نہیں ہے جو مجھے رشک سے پہنچے صدمے
خود غرض لوگ اگر دے گئے آزار تو کیا

لوحِ عالم پہ ہُوا ثبت مرا نقش دوام
جو رہا مجھ پہ زمانہ بھی ستم گار تو کیا

عربدہ کر نہ سکا مجھ سے جہانِ تگ و تاز
آسماں مجھ سے ہُوا برسرِ پیکار تو کیا

۴۸

حاسد اب کیوں نہ جلیں زینتِ گلزار ہوں میں
ان کی آنکھوں کا بنا ہوں میں اگر خار تو کیا
کوئی فرسنگ کبھی مشکل نہ ہوا میرے لئے
نہ ملا کوئی اگر جادۂ ہموار تو کیا
راہِ ہستی میں سبک رَو ہی رہا میں خاور
مجھ کو دنیا نے دیا رنجِ گراں بار تو کیا

کراچی ۱۹۴۹ء

جہاں کو چاہیئے پھر کوئی خامۂ ارژنگ
کہ بزمِ لالہ و گل ہے ہنوز تشنۂ رنگ
ابھی ہے فکر کو درپیش جہدِ آزادی
ابھی ہیں بزمِ نوا میں سخن کی راہیں تنگ
نگار خانہ ہے کیا کوئی خاک کے نیچے
ہجومِ قافلۂ گل سے میری عقل ہے دنگ
بہار میں کوئی دیکھے چمن کی نیرنگی
ہزار نغمے ہیں لیکن تمام ہم آہنگ

نیا زمانہ ہے، ہوں ساز بھی نئے مطرب!
یہ سب چکے ہیں پرانے ترے رباب و چنگ

ابھی تو کرنی ہے تسخیر کائنات مجھے
یہ مہر و ماہ تو ہیں صرف منزلِ فرسنگ

بنا رہا ہوں میں یوں دل کو خوگرِ آلام
کہ جس میں درد نہ اٹھے وہ دل ہے پارۂ سنگ

خود اپنے تیشے سے کیوں کوہکن نے جاں دیدی
مری نگاہ میں یہ خودکشی ہے باعثِ ننگ

میں مشتِ خاک سہی، عشق ہے مرا جوہر
بلندیوں میں نہیں آسماں مرا پاسنگ

عجم کی خاک سے پیدا کرو نیا ساقی
جہان تشنہ ہے، خالی ہے شیشۂ افرنگ

ہوا زمانے کی بدلے ہزار بار مگر
نہ آنے پائے کبھی دل کے آئینے پر زنگ

یہ ماجرا بھی نہایت عجیب ہے کہ جہاں
نہیں ہے امن کا دشمن تو کیوں ہے خوفِ جنگ

۵۰

اٹھاؤ انگلیاں اس پر نہ اے جہاں والو !
فقیر سادہ ہے خاور کرو نہ اس کو تنگ !

کراچی ۱۹۴۹ء

O

جاری ازل سے سلسلۂ صبح و شام ہے
اس کاروانِ وقت کو منزل حرام ہے

مصروف ہیں ثوابت و سیار روز و شب
قائم عمل سے بزمِ جہاں کا نظام ہے

مائل بلندیوں کی طرف ہیں نئے علوم
انسان کائنات میں سب کا امام ہے

آراستہ ہوئی تھی یہ دنیا ازل کی صبح
اس بزم کو سجانے کا پھر اہتمام ہے

ہیں انقلاب میرے اشارے کے منتظر
کتنا بلند میری خودی کا مقام ہے

جس میکدے کے رندِ ہوس کے غلام ہیں
اُس میکدے کو دور سے میرا سلام ہے

ہنستا ہے میرے ذوقِ تباہی پہ کیا جہاں
ہمت نہ ہارنا بڑی ہمت کا کام ہے
خاور نظر ہے اُس کی مآلِ حیات پر
عہدِ الست کا جسے کچھ احترام ہے

کراچی ۱۹۴۹ء

نہ ہم وارفتۂ رنگِ جمالِ آتشیں ہوتے
نہ اُن کی بزم میں یوں خوار اے قلبِ حزیں ہوتے!
مرے جذباتِ الفت اسقدر غم آفریں ہوتے
کہ وہ بھی داستاں سن کر مری اندوہگیں ہوتے!
بوقتِ آفرینش ہم اگر کچھ دور بیں ہوتے
ہمی شامِ ابد میں انقلابِ اوّلیں ہوتے
بہر صورت طلسمِ دہر سے گمراہ ہونا تھا
تو تم سے جو بچتے ہم تو پامالِ یقیں ہوتے
سبکدوشی ہوئی بارِ امانت اپنے سر لے کر
نظامِ دو جہاں میں ورنہ ہم بارِ زمیں ہوتے

۵۲

یہ میں ہی تھا سینۂ فطرت میں رازِ کن فکاں ہو کر
نہ ہوتا میں تو پھر کس واسطے دنیا و دیں ہوتے

ہمارے آب و گل میں جلوہ گر تھی ذات خود تیری
نظر اٹھتی تو اک پل میں کہیں سے ہم کہیں ہوتے

مشیّت نے دیا تھا مجھ کو وہ درسِ عبودیت
جو میں حد سے نہ بڑھتا، دو جہاں زیرِ نگیں ہوتے

نہ ہوتا کام دنیا کے جو سوزِ ناتمام اپنا
ہم اپنے حال پر خود ایک نے ن اندوہگیں ہوتے

ازل میں تم اٹھا دیتے حجابِ راز، ہم کو کیا
بھلا ہم کوئی دیوانے تھے جو چیں بہ جبیں ہوتے

نہ پھونکا آتشِ الفت نے جیتے جی ہمیں ورنہ
ہماری خاک سے پیدا انگارِ آتشیں ہوتے

مٹا دیتے اگر راہِ طلب میں اپنی ہستی کو
محبت کی حدِ آخر ہم اک دن بالیقیں ہوتے

نہ پوچھو دل کسی کی یاد میں گم ہو گیا کیونکر
کہ ایسے وقت ہم خود اپنے عالم میں نہیں ہوتے

۵۳

نہ ہوتا جب مذاقِ دید کو حسنِ نظر حاصل
ترے جلوے نگاہِ عشق میں کیونکر حسیں ہوتے
بہر صورت گذر جاتی ہماری زندگی خاورؔ
اگر بستی نہ راس آتی تو ہم صحرا نشیں ہوتے

دہلی ۱۹۴۶ء

راحت میں کبھی دم پہ مرے بن جائے تو کیا ہو!
خود مجھ پہ جبیں میری ہی بل کھائے تو کیا ہو!
یوں نیم نگاہی سے مجھے دیکھنے والے!
تجھ پر کہیں دل ٹوٹ کے آجائے تو کیا ہو!
پیمانِ وفا میں تو نہ توڑوں کبھی لیکن!
وہ دے کے زباں عہد سے پھر جائے تو کیا ہو!
راس آنے لگی ہیں مجھے دنیا کی فضائیں
دستورِ جہاں آج بدل جائے تو کیا ہو!
بنیاد ہے کونین کی خود عشقِ حقیقی
انسان نہ انسان کے کام آئے تو کیا ہو!

۵۴

ہر گام پہ ہے جادۂ ہستی میں غمِ نو
دل کثرتِ آلام سے گھبرائے تو کیا ہو!
یہ ذوقِ تحیّر ہے کہ میں دور ہوں خود سے
اب لاکھ گماں راہ سے بھٹکائے تو کیا ہو!
بگڑے ہوئے تیور ہیں قیامت کا سماں ہے
ایسے میں نظر اُن پہ جو پڑ جائے تو کیا ہو!
آئینہ دکھا دوں تو انھیں بزم میں خاور
خود اپنی ہی صورت سے وہ شرمائے تو کیا ہو!

دہلی ۱۹۴۷ء

خود وہاں جا نہ سکوں اُن کو بُلا بھی نہ سکوں
بات بگڑی ہے کچھ ایسی کہ بتا بھی نہ سکوں
عشق وہ شعلۂ عریاں کہ چھپا بھی نہ سکوں
داغِ دل وہ غمِ پنہاں کہ دکھا بھی نہ سکوں
اپنی آنکھوں کی قسم تجھ کو! پلا دے ساقی!
آج وہ جام کہ پھر ہوش میں آ بھی نہ سکوں

مجھ پہ بیداد کی خاطر جو دیا آپ نے غم
غم کوئی زہر نہیں ہے کہ میں کھا بھی نہ سکوں
پست ہمت فلکِ پیر نہیں میں اتنا
اپنی روٹھی ہوئی قسمت کو منا بھی نہ سکوں
ستمِ دہر کو کچھ دے نہ سکوں اب الزام
تہمتیں اہلِ زمانہ کی اٹھا بھی نہ سکوں
ہائے بیچارگیٔ ہمتِ عالی خاور!
شیشۂ دل کو حوادث سے بچا بھی نہ سکوں

دہلی ۱۹۴۷ء

آلامِ غمِ عشق کو ٹلنے نہیں دیتے
پہلو کسی عنوان بدلنے نہیں دیتے
یہ جبر کہ رونا بھی محبت میں ہے اِک جُرم
غم میں وہ مجھے ہاتھ بھی ملنے نہیں دیتے
یہ دل، یہ جگر اور یہ ہمت ہے ہماری
اِک آہ بھی سینے سے نکلنے نہیں دیتے

۵۶

اے ہمّتِ مردانہ! گلہ تجھ سے کروں کیا
کمزور قدم مجھ کو سنبھلنے نہیں دیتے
ٹھنڈا ابھی کر داب دلِ مایوس کو آخر
ہاں! وقتِ سحر شمع کو جلنے نہیں دیتے
دشمن سے شکایت کا کہاں منہ ہو کسی کا
احباب ہی جب پھولنے پھلنے نہیں دیتے
یہ بارگہِ حسن ہے، ہر سمت ہیں جلوے
ہشیار! یہاں دل کو مچلنے نہیں دیتے
کیا کیجئے ہمّت کا کہ خود پاؤں ہمارے
دو چار قدم ضعف سے چلنے نہیں دیتے
میں کیا کروں خاور کہ بہرحال ہوں ناشاد
افکار مرے دل کو سنبھلنے نہیں دیتے

دہلی ۱۹۴۶ء

O

میرا ہی کیوں سفینہ بلا کا نشانہ ہو
کیوں میرے ہی خلاف ہوائے زمانہ ہو!

۵۷

افسوس! مجھ پہ کھل گیا ہستی کا راز بھی
یارب! مری حیات کا اب کیا بہانہ ہو!
اشکوں کے ساتھ داغِ جگر مسکرا اٹھیں
یوں غم کے ساتھ ساتھ خوشی کا ترانہ ہو!
پایا ہے بیخودی میں اسے جان کے قریب
اب ذوقِ سجدہ ہو نہ کوئی آستانہ ہو!
ناکامِ عشق ہو کے بھی نومید ہم نہیں
کیوں داستانِ قیس ہمارا فسانہ ہو!
ممنون ہوں تمہارا کہ مجھ کو ملا ہے غم
اے کاش! عشق کی یہ خلش جاودانہ ہو!
خاور مرا شعار ہے تنقیص سے بری
میرا کلام اور سخن گسترانہ ہو!

۱۹۴۶ء دہلی

○

حسنِ وفا طلب کو دل پہ یقیں نہ آیا
سو بار آزما کر سو بار آزمایا

٥٨

ماتھے پہ اپنے ہر گز میں ایک بل نہ لایا
دشمن نے لاکھ مجھ سے محفل میں خار کھایا

سو بار تیرے در تک دل مجھ کو کھینچ لایا
میں الٹے پاؤں جلنے گیا سوچ کر پھر آیا

بربادیوں کا اپنی مجھ کو گلہ نہیں ہے
میرا وجود دیکھو تو دنیا کے کام آیا

میرے لئے یہ دنیا کچھ اجنبی سی تھی شاید
اپنا وجود میں نے ہستی سے دور پایا

حیراں ہوں خواب میں بھی دیکھے نہ تھے یہ جلوے
کھلتے ہی آنکھ کس نے آئینہ یہ دکھایا

تڑپا ہوں بے سہارے پہروں تمہارے غم میں
تم نے کبھی نہ ہنس کر مجھ کو گلے لگایا

ذوقِ وجود سے تھی میری نمودِ ہستی
ذوقِ وجود ہی نے میرا نشاں مٹایا

دنیا کو جستجو ہے اب میرے نقشِ پا کی
رتبہ مرے جنوں نے کتنا بلند پایا

گو میری زندگی کو نسبت نہ تھی خوشی سے
میں حادثات میں بھی ہر وقت مسکرایا
حسرت تو دیکھو میری مایوس زندگی کی
دم ہی نکل گیا جب منزل کے پاس آیا
دنیا میں ہر قدم پر لاکھوں صعوبتیں تھیں
احسان زندگی کا میں نے نہیں اٹھایا
کس سے بیاں کروں میں احوالِ دل کا خاور
ہمدم نہیں ہے کوئی اپنا ہو یا پرایا

دہلی ۱۹۳۶ء

وہ کل کہہ رہے تھے کہ ہم نے سنا ہے
پریشاں بہت خاورِ مبتلا ہے
میں انساں ہوں میری فطرت خطا ہے
جو الزام رکھیں وہ مجھ پر بجا ہے
کسی کے لئے زندگی ہے مصیبت
کوئی زندگی کے لئے رو رہا ہے

۶۰

زمانے کی تلخی کا شکوہ کریں کیا
بگڑ کر کہیں کام کوئی بنا ہے

محبّت کی دنیا میں ہے رسم اُلٹی
وہی بن گیا جو یہاں مٹ گیا ہے

اِسی میں ہے کچھ رازِ تخلیقِ عالم
کہ جلوہ بقیدِ نظر ہو گیا ہے

بُرا یا بھلا جو بھی کچھ ہو مرا دل
مگر حق تو یہ ہے کہ حق آپ کا ہے

بقا یہ ہے کب منحصر نظمِ دنیا
کہ ہستی کی منزل یا آخر فنا ہے

نہ ہو رنج کیوں مجھ کو ذلّت کا اپنی
بھری بزم میں تم نے رسوا کیا ہے

نہ راہوں سے واقف، نہ رہبر، نہ ہمدم
مصائب کا ہر گام پر سامنا ہے

وہی جیت لیتا ہے الفت کی بازی
جو موجوں سے طوفان میں کھیلتا ہے

۶۱

ہر اِک بات پر لوگ مجھ سے ہیں بدظن
نہ جانے زمانے کو کیا ہو گیا ہے

یہ مانا کہ میں کب ہوں قابل تمھارے
مگر یاد رکھنے میں نقصان کیا ہے

سنا ہے کہ وہ آزمائیں گے مجھ کو
وہ کرتے ہیں کیا یہ مجھے دیکھنا ہے

جو وہ تم سے پوچھیں مرا حال خاورؔ
تو کہنا کہ صاحب تمھاری دعا ہے

۱۹۴۶ء　　　　دہلی

○

تخلیقِ کائنات کا عنواں بنا دیا
تکمیلِ غم کی جب ہوئی انساں بنا دیا

دشواریٔ حیات کو آساں بنا دیا
ہر غم کو عشق نے غمِ پنہاں بنا دیا

پہلے تو دل کو آئینہ ساماں بنا دیا
اپنا ہی عکس دیکھا تو حیراں بنا دیا

٦٢

سنتے تھے اِک لطیف حقیقت ہے زندگی
اُسکو بھی غم نے خوابِ پریشاں بنا دیا

احساسِ عشق، دردِ الم، سوزِ مستقل
ان سب کو جب بہم کیا انساں بنا دیا

میری نگاہ دامِ توہم میں تھی اسیر
تیری نظر نے کفر کو ایماں بنا دیا

یہ کیا کہ جن سے دہر میں غم کو ملی ثبات
اُن شورشوں کو گردشِ دوراں بنا دیا

وہ ذوقِ جستجو کہ تھا پامالِ ایں و آں
اور اِک عشق نے اسے عرفاں بنا دیا

میرا وجود میری حقیقت سے دور ہے
دنیا کو کس تلاش نے حیراں بنا دیا

یہ زندگی وہ حاصلِ صد مشکلات ہے
تیرے خیال نے جسے آساں بنا دیا

کب حسنِ خود پسند کو اِس کی خبر ہوئی
کس مصلحت نے عشق کو ناداں بنا دیا

۶۳

میں خوش ہوں تم نے دے کے غمِ عشق کی خلش
ہر غم کو دل کے درد کا درماں بنا دیا

تاریک خاکدانِ جہاں تھا مرے بغیر
ذرّے کو میں نے مہرِ درخشاں بنا دیا

دیوانگی کا دوسرا انداز ہوش ہے
دو چار دھجیوں کو گریباں بنا دیا

طوفانِ اضطراب نے خاور شبِ الم
خونِ جگر کو ہدیۂ مژگاں بنا دیا

دہلی　　　　۱۹۴۶ء

○

گو جامِ مئے عشق حدیثِ ازلی ہے
لیکن ابھی رندوں کی وہی تشنہ لبی ہے

یہ راہِ وفا سلسلۂ بے خبری ہے
منزل کا یہاں ہوش بھی بے راہ روی ہے

یہ حیرتِ نظارہ ہے یا بے خبری ہے
ایمان سے کہہ دو کہ یہ کس کی غلطی ہے

۶۴

شبنم غمِ انجام پہ روتی رہی شب بھر
غنچوں کی سحر ہونے پہ اب آنکھ کھلی ہے!

مانا کہ نہیں شوق کو اب ضبط کا یارا
اے دل! غمِ الفت میں فغاں بے ادبی ہے

آنسو ہیں نہ آہیں ہیں نہ وہ تلخیٔ دوراں
مدّت سے یہ کیوں فطرتِ غم سوئی ہوئی ہے

دیباچۂ خزاں کا بھی ہے عنوانِ بہاراں
پروردۂ عشرت غمِ آشفتہ سری ہے

دیوانے خود آگاہ نہیں سازِ جنوں سے
یہ ذوقِ انا پردۂ اسرارِ خودی ہے

شاید اسی باعث مری دنیا ہوئی روشن
اک آگ کی چنگاری جو سینے میں دبی ہے

آغاز سے آگاہ نہ انجام سے واقف
طاری ترے مستوں پہ ازل ہی سے غشی ہے

ہستی مری بن بن کے بگڑتی رہی پیہم
نسبت مجھے یوں نقشِ کفِ پا سے ہوئی ہے

میں ہوش میں آؤں، یہ ہے توہینِ محبت
یہ بے خودیٔ عشق ہی تکمیلِ خودی ہے

عارف نے تجھے دیکھ لیا چشمِ بشر سے
دنیا کی نظر میں یہ حقیقت خبری ہے

مائل بہ تلوّن ہے نظامِ غمِ ہستی
شاید مری تقدیر میں بھی کوئی خوشی ہے

یہ کونسی منزل میں قدم ہے کہ جہاں اب
دشوار پسندی ہے نہ آساں طلبی ہے

پانی پہ کوئی نقش کبھی قائم نہیں رہتا
غافل! یہی اک رازِ حیاتِ ابدی ہے

اے صاعقۂ طور دکھا پھر وہی منظر
پھر بیخودیٔ عشق مجھے ڈھونڈ رہی ہے

اب تلخیٔ بیداد کا کچھ غم نہیں مجھ کو
شہرت کے لئے شاعری بدنام ہوئی ہے

کہتے ہیں وہ خاور مری فریاد کو سن کر
کچھ درد ہے اس میں کہ آواز دبی ہے!

دہلی ۱۹۴۶ء

ارزانئ حیات نہیں اب گراں مجھے
دولت ہے زندگی کی غمِ دو جہاں مجھے

آتی ہے عہدِ گل میں بھی یادِ خزاں مجھے
ہستی پہ بھی عدم کا ہے گویا گماں مجھے

زندانِ آب و گل تھا وجودِ جہاں مجھے
اس قید میں بھی مل گئیں آزادیاں مجھے

اے برق! ہاں اڑا دے بنا کر دھواں مجھے
لینا ہے حوصلوں کا ابھی امتحاں مجھے

سمجھے نہیں ہیں خاک بھی اہلِ جہاں مجھے
روئیں گے میرے بعد زمان و مکاں مجھے

میں منزلِ فنا سے گزرتا چلا گیا
ڈھونڈا کیا غبارِ رہِ کارواں مجھے

میرا ہی نقشِ پا تھا گزرگاہِ شوق میں
آیا جو بیخودی میں نظر آستاں مجھے

مجھ کو بنا دیا غمِ کونین کا امیں
خود حسنِ لم یزل نے کیا ترجماں مجھے

جنبش نہ لب کو ہو سکی دستِ دعا کے ساتھ
کیا پیچ و تاب دے گئی میری زباں مجھے

پیراہنِ حیات ہی تنگِ لباس تھا
سرگشتگی کی ورنہ تھی فرصت کہاں مجھے

موجِ محیطِ زیست ہے ہنگامہ نما
سمجھا غمِ حیات عبث رائیگاں مجھے

میں تھا ازل سے کشتۂ سازِ انانیت
پایا خودی نے جلوہ گرِ لامکاں مجھے

اندیشۂ مآل، توہم کا ہے اسیر
اب گم نہ کر دے کاہشِ سود و زیاں مجھے

تمہیدِ التفات، نہ تمہیدِ آرزو
اب زندگی کا غم بھی نہیں ہے یہاں مجھے

میرے سپرد کی گئی تنظیمِ کائنات
لینا پڑا سر اپنے یہ بارِ گراں مجھے

ہستی کے احترام نے مجبور کر دیا
رنجِ فلک سے کم نہ تھا یہ خاکداں مجھے
خاورؔ فنا مقام ہے ذوقِ بقا مگر
اکسا رہا ہے غلغلۂ کن فکاں مجھے

ہانسی ١٩٤٦ء

○

آئینۂ خیال میں جلوہ نما نہ ہو
اے حسنِ دوست! کوئی تجھے دیکھتا نہ ہو
ہر غم اگر جنوں میں غمِ ماسوا نہ ہو
تصویرِ اضطراب میں رنگِ وفا نہ ہو
پھر دل کے اضطراب کی حالت نہ پوچھیے
جب حرفِ مدّعا بھی زباں سے ادا نہ ہو
یہ کیا کہ میں تو کوئی بھی دعویٰ نہ کر سکوں
تم مدّعی بنو تو کوئی مدّعا نہ ہو
آئینِ عاشقی کے ہیں آداب اور کچھ
ہم تم ملیں تو پردۂ شرم و حیا نہ ہو

آوارگیٔ عشق نے بے خود بنا دیا
میرا خیال مجھ کو کہیں ڈھونڈھتا نہ ہو

خاور کہے بُرا جو زمانہ تو غم نہ کر
بدنام بھی کرے جو کوئی تو خفا نہ ہو

دہلی　　　　　　　　　　　　　　　　　　　　　۱۹۴۶ء

آپ کو خبر کیوں ہو مجھ پہ کیا گزرتی ہے
بے کسی میں دنیا کب دم کسی کا بھرتی ہے

شیوۂ ریاکاری اختیار کر لیتا
جانتا جو میں اس سے عاقبت سنورتی ہے

گو صدائے چنگ و نَے ہے بہت طرب آموز
تلخیٔ حقیقت ہی دل پہ نقش کرتی ہے

اک طلسمِ باطل ہے یہ جہانِ آب و گل
تم پہ کیوں کھنچے بیٹھے خلق تم پہ مرتی ہے

اشکِ غم بہاتی ہے شبنمِ حزیں شب بھر
تب فضائے گلشن بھی صبح کو نکھرتی ہے

۷۰

کیا ہو رنجِ مستقبل جب کہ عمرِ بے مایہ
ہم گزارے جاتے ہیں جس طرح گزرتی ہے

یہ جمال و رنگینی، یہ شباب و رعنائی
چلتے پھرتے سائے ہیں خلق جن پہ مرتی ہے

مرنے والے مرنے پر اور زندہ ہوتے ہیں
کشتیِ فنا یعنی ڈوب کر ابھرتی ہے

شرحِ درد کرتا ہوں، حالِ غم سناتا ہوں
اس پہ بھی مگر دنیا واہ واہ کرتی ہے

اب وہ یاس کا خاکہ بزم میں اڑاتے ہیں
دیکھنا مری تصویر کس طرح اترتی ہے

میں ہوں وقفِ غم خاورؔ اور ستم سے وہ خوش ہیں
اُن کو پھر خبر کیوں ہو مجھ پہ کیا گزرتی ہے

۱۹۴۶ء
دہلی

تم جفا جو ہو اگر ___ مشقِ ستم اور سہی
خوگرِ غم ہوں میں ... میرے لئے غم اور سہی

ہائے ہمت! مجھے بس اتنا سہارا دیدے
منزل آپہنچی ہے وہ — چار قدم اور سہی

ایک دنیا تری محفل میں ہے سرگرمِ طرب
اس میں نقصان ہی کیا ہے نہ رہے ہم اور سہی

فطرتِ عشق کو ہے تلخیٔ بیداد عزیز
کچھ ستم مجھ پہ بہ اندازِ کرم اور سہی

یوں ہی آجائے گا شاید مری ہستی کو قرار
زندگی رہنِ ہجومِ غم و ہم اور سہی

غمِ پنہاں! مجھے شرمندۂ اظہار نہ کر
بات رکھ لی ہے جہاں تو نے بھرم اور سہی

آخری وقت ہے آجائے گا دل کو بھی قرار
خلشِ دردِ محبت کوئی دم اور سہی

آبرو کچھ بھی نہیں شیشۂ دل کی لیکن
تم سمجھ لینا کہ اک ساغرِ جم اور سہی

آج میخانے پہ طاری ہے جمودِ پیہم
اک غزل خاورِ وارفتۂ غم اور سہی

دہلی　　　　۱۹۴۶ء

۷۲

ذوقِ بربادی مجھے وجہِ اماں ہو جائے گا
برق کیا کوندے گی جب خاکِ آشیاں ہو جائیگا

حسنِ فطرت جب حجابِ دو جہاں ہو جائیگا
مدعائے ہستیٔ عالم عیاں ہو جائے گا

خاکدانِ زیست ہے خود ایک صحرائے وجود
کیا غبار اپنا حصارِ دو جہاں ہو جائے گا

انتہائے آفرینش، حاصلِ ہستی ہوں میں!
رازِ دو عالم مرے دل میں نہاں ہو جائے گا

عشق میں آئے گا ایک ایسا مقامِ آگہی
جبکہ ہر صورت پہ تیرا ہی گماں ہو جائے گا

رخ مری تقدیر کا پلٹے گی میری زندگی
مجھ سے کیا برہم نظامِ دو جہاں ہو جائے گا!

اُس ستم ایجاد کی خو اور پلٹے گی فروغ
یوں تو کہنے کو وہ مجھ پہ مہرباں ہو جائے گا

۷۳

وہ جہانِ ماسوا، میرے تخیّل کا مقام
ایک دن میرا گذر آخر وہاں ہو جائے گا
دل کے آئینے میں خاور میرا جوہر ہے نہاں
محوِ حیرت ایک دن سارا جہاں ہو جائے گا

دہلی ۱۹۴۶ء

نگاہِ ہوش بظاہر نگاہِ کامل ہے
مگر جمالِ حقیقت کی تاب مشکل ہے
نہ ڈھونڈ ساحلِ امّید سیلِ ہستی میں
ہر ایک موج کے دامن میں ایک ساحل ہے
عبث ہے راہِ طریقت میں عاقبت کوشی
یہاں جو ہوش میں ہے اصل میں وہ غافل ہے
نگاہ محوِ تحیّر، تجلّی پیہم
کوئی بتاؤ کہاں ہوں؟ یہ کس کی محفل ہے
کشاکشِ غمِ ہستی، ہجومِ یاس و الم
طلب حیات کی آساں ہے جینا مشکل ہے

۷۴

امید و بیم میں جھگڑا ہے میری ہستی کا
وفورِ درد میں دم توڑنا بھی مشکل ہے!
میں تیز گام تھا منزل کو پیچھے چھوڑ آیا
مری تلاش میں اب خود غبارِ منزل ہے
نصیب روزِ ازل سے ہے اوج پہ اپنا
بلند مرتبہ فطرت کو میری حاصل ہے
مری نگاہ میں ہے مستئ ازل خاور
نشاطِ بادہ سے بے اعتنا مرا دل ہے

دہلی ۱۹۴۵ء

تم سامنے ہو ذوقِ محبت میں دم نہیں
قامت تمھاری گویا قیامت سے کم نہیں
دل محوِ بیخودی ہے جبیں سجدہ ریز ہے
صحنِ حرم سے سنگِ درِ یار کم نہیں
طے کر چکا ہوں مرحلۂ راحت و الم
اب اس مقام پر ہوں جہاں بیمِ غم نہیں

۷۵

کس راہ پر نہ جانے چلا جا رہا ہوں میں
حیرت کہ دور تک کوئی نقشِ قدم نہیں

آلامِ روزگار سے ہے زیست کا قیام
یعنی ہر ایک غم مرا تیرا ستم نہیں

تو وہ ستم شعار کہ راحت سے خوش نہ ہو
میں وہ بلا نصیب کہ غم کا بھی غم نہیں

میں ہوں کسی کے حسنِ تخیل کا ایک عکس
ورنہ مرا تو کوئی وجود و عدم نہیں

کاشانۂ حیات ہے خود ایک غم کدہ
وہ کون ہے کہ جس کی یہاں آنکھ نم نہیں

خاور نہیں زمانے کو اب ہم پہ اعتماد
اب تو ہماری بات کا بھی کچھ بھرم نہیں

دہلی [illegible]

قدم قدم پہ ہیں تیور جدا زمانے کے
مٹے ہوئے سے ہیں خاکے مرے فسانے کے

حسین و سادہ ہیں انداز آزمانے کے
ہزار پہلو ہیں مجھ سے حجاب آنے کے

مذاقِ عشق میں کوتاہی آ نہیں سکتی
عبث کئے ہیں یہ ساماں مجھے مٹانے کے

فضائے دہر سے مانوس ہوتا جاتا ہوں
بدل نہ جائیں کہیں رنگ اب زمانے کے

مٹا کے ہستیٔ پروانہ شمع روتی رہی
بُرے نتیجے ہیں بیکس کا دل دُکھانے کے

کھلا رہا ہے چمن بھی بہار میں نئے گل
عجیب طور ہیں شبنم کو خوں رلانے کے

کبھی نشاط، کبھی اِک سکوتِ غم طاری
بہت سے رنگ رہے ہیں شراب خانے کے

تباہیوں کا کسی کی نہاں ہو بہو نقشہ
چمن میں بکھرے تھے تنکے جو آشیانے کے

ترا سوال تو ہے بر محل مگر خاور
وہ رازِ دل کبھی تجھ کو نہیں بتانے کے!

دہلی ۱۹۴۵ء

۷۷

○

جو سوزِ عشق نے دل کو جلا دیا ہوتا
فریبِ دیر و حرم سے بچا لیا ہوتا

جسے مٹا کے رہیں گردشیں زمانے کی
وہ تیری بزمِ تمنّا میں کیا جیا ہوتا

مرے جنوں کا اگر امتحان تھا مقصود
کسی نے چاکِ گریباں مرا سیا ہوتا

سرورِ عیش و مسرّت میں ڈوبنے والو!
ذرا بلاؤں کا بھی سامنا کیا ہوتا

بلا سے ہوتی تو کچھ انقلاب کی صورت
بھلا نہ کرتا مقدّر بُرا کیا ہوتا

نہ ہوتی خام جو فطرت تری تو روزِ ازل
فنا کے جام میں آبِ بقا پیا ہوتا

بہت سے کام ہیں خاورؔ ترے لئے ورنہ
خدا نے کب کا جہاں سے اٹھا لیا ہوتا

دہلی
۱۹۴۵ء

پھر نظر آنے لگے مجھ کو حسیں خواب، ستم!
دل کی تخریب کے پیدا ہوئے اسباب، ستم!
میری ہستی کو مٹانے کے یہ اسباب، ستم!
حیف! ہو خونِ مظلوم سے سیراب، ستم!
مے پرستوں کیلئے ساغرِ رنگیں میں شراب
اور پیاسوں کو ملے بادۂ زہراب، ستم!
تھی عزیزوں کی رفاقت بھی مرے حق میں فریب
بن گئی میرے لئے صحبتِ احباب ستم!
ڈوبتے ہی اُبھر آئی مری کشتی افسوس!
کام آیا نہ مرے حلقۂ گرداب، ستم!
پردۂ ساز سے آتی ہے صدائے فریاد
ساز پر ڈھاتی ہے کیا جنبشِ مضراب ستم!
خود سر و وحشی و دیوانہ و بے عقل و ذلیل
اِک ستم خوردۂ الفت کے یہ القاب، ستم!

۷۹

ہر مصیبت پہ کبھی مجھ کو ہنسی آتی تھی
اب مسرت کی بھی مجھ میں نہ رہی تاب، ستم!
اہلِ محفل نے اڑایا مرا خاکہ خاور
راس آئی نہ مجھے ندرتِ آداب ستم!

دہلی
دسمبر ۱۹۴ء

تن میں جانِ ناتواں دیکھیے کب تک رہے
زندگی کا امتحاں دیکھیے کب تک رہے
ہر طرف ہے ابرِ غم، گر رہی ہیں بجلیاں
اب چمن میں آشیاں دیکھیے کب تک رہے
لے رہا ہوں خندۂ گل سے تعبیرِ وفا
اب بہارِ گلفشاں دیکھیے کب تک رہے
آرزو میں دم نہیں حوصلے بھی پست ہیں
رونقِ بزمِ جہاں دیکھیے کب تک رہے
ہم پہ لطفِ خاص ہے اس کا نہ قہر و عتاب
ہم پہ وہ نامہرباں دیکھیے کب تک رہے

۸۰

ورطۂ آفات کی بڑھ رہی ہے تیرگی
گردشِ تاب و تواں دیکھئے کب تک رہے
اب تو خاور ہم میں وہ ذوقِ غم باقی نہیں
یادِ ان کی حرزِ جاں دیکھئے کب تک رہے

۱۹۴۵ء

دہلی

آسماں کو دیکھئے اِن بجلیوں کو دیکھئے
نامرادِ آشیاں کی مشکلوں کو دیکھئے
کاروانِ زندگی کے رہبروں کو دیکھئے
جستجو کے راستوں کی الجھنوں کو دیکھئے
دیکھیے! ہاں مطربوں کی ہمتوں کو دیکھئے
محفلِ عشرت کے ٹوٹے بربطوں کو دیکھئے
ڈھا دیا تھا قصرِ تہذیبِ کہن کیا سوچ کر
اب تباہی کے بھیانک سلسلوں کو دیکھئے
کیا نیا ہے عشق، کیسا جلوۂ حسن و جمال
آج تو تصویر کے دونوں رُخوں کو دیکھئے

۸۱

ایک حالت پر نہیں رہتے کبھی کسل و جمود
حادثاتِ زندگی کی گردشوں کو دیکھیے
کسقدر قیدِ قفس سے ہو گئے مانوس ہم
اب تو جنبش تک نہیں ہوتی پروں کو دیکھیے
عالمِ بیچارگی ہے ہوش گم، دل مضطرب
خاک میں ملتا ہماری حسرتوں کو دیکھیے!
اب نہ وہ ذوقِ تماشا ہے۔ نہ جلووں کا ہجوم
ایسے نازک دور میں کیا بتکدوں کو دیکھیے!
اب ضرورت ہے مفاسد کی کریں ہم روک تھام
نشترِ احساس سے دکھتی رگوں کو دیکھیے!
آج ہے گلزار میں خاور نمودِ انقلاب
بلبلِ شوریدہ سر کے طنطنوں کو دیکھیے

دہلی ۶۔۹۴۵

لذتِ عیش کیا ہوئی محسوس
خلشِ تو سدا ہوئی محسوس

۸۲

درد کی انتہا ہوئی محسوس
راحتِ جاں فزا ہوئی محسوس

ہم تو خوابِ عدم سے چونک پڑے
کس کی آوازِ پا ہوئی محسوس

ہائے دشواریٔ رہِ الفت!
مشکلِ ماسوا ہوئی محسوس

بے قراری میں جانے کیوں اکثر
جان دل سے جدا ہوئی محسوس

کون کہتا ہے شدتِ غم میں
زندگی بے مزا ہوئی محسوس

بہتے بہتے جو تھم گئے آنسو
دل کو راحت ذرا ہوئی محسوس

دور سے جب کسی نے دی آواز
مجھ کو اپنی صدا ہوئی محسوس

برق جب آشیاں کی سمت بڑھی
روشنی اک ذرا ہوئی محسوس

یہ خوشی، یہ مسرتِ شب و روز
جو ہوئی بھی تو کیا ہوئی محسوس
زندگی میں بہارِ غم خاور
کبھی مردِ خدا ہوئی محسوس؟

دہلی ۱۹۴۵ء

تصور میں تجھے اکثر تمنا کا امیں دیکھا
حقیقت یہ ہے دنیا میں کوئی تجھ سا نہیں دیکھا

یہاں تک پیچ و تابِ زندگی نے مجھ کو الجھایا
کہ میں جس راہ سے گزرا اسے اندوہگیں دیکھا

سمجھ میں کچھ نہیں آیا تماشا بزمِ ہستی کا
کہ حسن و عشق کو باہم دگر چیں بر جبیں دیکھا

وہ کوئی اور ہوں گے عیش و عشرت کے تمنائی
یہاں تو دل کو پیہم وقفِ آہِ آتشیں دیکھا

حدودِ لامکاں سے بھی سوا ہے عشق کی وسعت
مگر ہم نے اسے انسان کے دل میں مکیں دیکھا

۸۴

مجھے تڑپا گئی حسن و محبت کی تن آسانی
جہاں مٹتا ہوا میں نے کوئی نقشِ حسیں دیکھا
فروغِ جلوۂ تاباں سے یوں محسوس ہوتا ہے
کہ جیسے اس سے پہلے تجھکو میں نے ہو کہیں دیکھا
ترے چھپنے سے ذوقِ جستجو بے تاب ہو اٹھا
گمان و وہم میں بھی ہم نے پہلوئے یقیں دیکھا
کلیسا میں، نہ مسجد میں، نہ بتخانے میں تھا خاور
وہ بے خود تھا اسے کس نے ہلاکِ کفر و دیں دیکھا

دہلی   ۱۹۴۹ء

تم مکیں تھے دل ہمارا اور ہم سے تھا بے حد دل قریب
عمر بھر ڈھونڈا کئے حالانکہ تھی منزل قریب
ناخدا کو دوریٔ ساحل کا ناحق تھا گلہ
غرق کشتی ہو گئی جب آ گیا ساحل قریب
ناتوانی! مجھ کو بس تھوڑی سی مہلت اور دے
شام ہوتی جا رہی ہے اور ہے منزل قریب

۸۵

ہم حدِ ادراک سے بھی آگے جا کر دیکھ آئے
عشق کی لیکن نہ آئی آخری منزل قریب

ابتلا میں ہیں نظامِ دہر کی نیرنگیاں
آ رہا ہے انقلابِ تیز اے غافل! قریب

رہروانِ تیز نے رہبر سے منہ موڑا تو کیا
پائے ہمت ڈگمگایا آئی جب منزل قریب

پاسِ پیمانِ وفا لازم تھا راہِ عشق میں
جادۂ الفت میں آئی یہ بھی اِک مشکل قریب

وہم نے ہر چند مجھ کو دور مجھ سے کر دیا
کھینچ کر لے آیا لیکن جذبۂ کامل قریب

اِک شرارِ شوق سے روشن ہے خاورؔ دل مرا
عشق کی فطرت نے پائی حُسن کی منزل قریب

دہلی ۱۹۴۵ء

تسکین دل کو ہوتی بھی آہِ سحر سے کیا!
اب فائدہ ہی ہو گا الٰہی! اثر سے کیا!

مائل بہ انقلاب ہے دستورِ زندگی
گھبرا کے ہم جنوں میں نکل آئے گھر سے کیا

خوابِ گرانِ زیست میں یہ ہوش و آگہی
تعبیر لوں میں گردشِ شام و سحر سے کیا

اٹھی ہے برق بن کے فلک سے وہ موجِ مے
بیٹھے ہوئے ہیں رند ادھر بے خبر سے کیا

سرمستیٔ ازل سے ہے مخمور کائنات
فتنے ٹپک رہے ہیں تمہاری نظر سے کیا

ملتی بھی ہے خلش کبھی آلامِ عشق کی
پائیں گے دادِ زخم کی ہم چارہ گر سے کیا

مضمر تھے شوقِ دید میں اسرارِ ہست و بود
چھپتا ترا جمال ہماری نظر سے کیا

میں ہوں ازل سے راہبرِ جادۂ وجود
مجھ کو غرض ہی منتِ لطفِ خضر سے کیا

خاورؔ متاعِ ذوقِ سخن پائمال ہے
اب فائدہ ہی عرضِ کمالِ ہنر سے کیا!

دہلی　　　　سنہ ۱۹۴۵ء

زندگانی کی حقیقت سعیٔ بے حاصل میں ہے
جستجو کا لطف پنہاں دوریٔ منزل میں ہے

حسن کی فطرت میں لاکھوں انقلاب آتے رہے
عشق جس منزل میں تھا اب تک اسی منزل میں ہے

سازِ ہستی سے اٹھی تھی جو صدا روزِ ازل
درد و غم بن کر ابھی تک وہ ہمارے دل میں ہے

دیکھتے ہیں اپنی حیرت کا تماشا اہلِ ہوش
ایک آئینہ اسی باعث تری محفل میں ہے

ڈوب کر حل کر لیا میں نے فنا کے راز کو
اب کچھ موجوں میں پنہاں ہے نہ کچھ ساحل میں ہے

اِک طرف سرِ حقیقت اِک طرف وہم و گماں
مرحلہ یہ آزمائش کا بڑی مشکل میں ہے

کچھ تعین ہی نہیں منزل کا عقل و ہوش میں
مانوں کیسے کہ منزل جادۂ منزل میں ہے

۸۸

خود بخود ٹکرا کے موجیں نذرِ طوفاں ہو گئیں
کچھ بھی ہو تاثیر تو خمیازۂ ساحل میں ہے

ہے عرض ہیں اک ذرا سی سوزشِ غم کی نمود
مستقل سوزِ الم تو جوہرِ قابل میں ہے

برق وش، زہرہ جبیں، رنگیں ادا، روحِ بہار
کس قیامت کا تصور فتنۂ باطل میں ہے

آگہی تو مبتلائے خود فریبی ہی رہی
بیخودی ہنگامہ آرا حسن کی منزل میں ہے

عرصۂ امکاں میں خوابیدہ ہیں فتنے نو بہ نو
فائدہ کیا جو کوئی اب فکرِ مستقبل میں ہے

یہ تماشا گاہِ ہستی، رقصِ انجم، بوئے گل
یعنی محفل سے نہاں ہو کر بھی تو محفل میں ہے

طور پر تو برقِ ایمن کا نشاں ملتا نہیں
اک شرارِ شوق لیکن اب بھی آب و گِل میں ہے

یاد آتے ہی وہ خاور سامنے آ ہی گئے
کم سے کم اتنا اثر تو جذبۂ کامل میں ہے

دہلی

۱۹۴۵ء

۸۹

جو تو بطریقِ نو پھر جلوہ نما ہوتا
میں طرزِ نظر اپنی خود بھول گیا ہوتا

کچھ تیرگیِ غم کا انداز ہوا ہوتا
اے کاش کہ تم پر بھی یہ وقت پڑا ہوتا

جلووں میں تمھارے تھا اک عکس مرا شامل
میں ورنہ ہمہ تن کیوں یوں محو ہوا ہوتا

یہ معرکۂ ہستی، یہ کشمکشِ پیہم
ہم ہی نہ اگر ہوتے دنیا میں کیا ہوتا

خاور جو یہ بیہوشی طاری نہ ہوئی ہوتی
خود اپنے تو ہم نے گمراہ کیا ہوتا

دہلی ۱۹۴۵ء

افق کی وادی سے اٹھا ہے پھر سحابِ بہار
چمن میں گرم ہوا ذکرِ انقلابِ بہار

۹۰

کھنچی ہے آج تصوّر میں کس کی یہ تصویر
خزاں میں دیکھ رہا ہوں میں کیوں یہ خوابِ بہار

ادا ادا میں نہاں بجلیاں ہیں ایمن کی
کہ بن کے آئے ہیں گلشن میں وہ جوابِ بہار

ہر ایک ذرّۂ چمن کا امینِ جلوہ تھا
جنوں کا ماحصل آخر رہا خرابِ بہار

نہ خوش ہوں زمزمۂ عہدِ گل پہ اہلِ چمن
کہ چند روز میں ڈھل جائے گا شبابِ بہار

چھپا تو جلوۂ رنگیں میں وہ نظر سے مگر
تھا شوقِ دید پہ اندازۂ حجابِ بہار

مجھے دماغ کہاں کیفِ سازِ عشرت کا
یہ کس نے چھیڑ دیا بزم میں ربابِ بہار

اسیرِ جلوۂ گل ہیں یہ رندِ بد مشرب
ملے گی خاک میں اب کبھی نہ آب و تابِ بہار؟

یہ ماند پڑ کے اتر جائے گا گھڑی بھر میں
بلندیوں پہ ہے خاور جو ماہتابِ بہار

دہلی ۱۹۴۵ء

۹۱

میں نے سیکھے نہیں میخواری کے آداب تو کیا
لے لیا بڑھ کے جو خود جامِ مئے ناب، تو کیا
بند ہو جائے جو رک کر دلِ بے تاب تو کیا
غمِ دنیا بھی نہیں اب غمِ احباب تو کیا
ساتھ دم کے ہے مرے بے سروسامانی مری
مجھ سے برہم ہے اگر عالمِ اسباب، تو کیا
تلخ کامی میں نہ راس آئی کبھی شیرینی
مجھ کو ساقی نے دیا بادۂ زہراب، تو کیا
بحرِ مواج کی شورش میں نہ آئے گی کمی
ڈوب جائے مری کشتی تہِ گرداب تو کیا
مٹ گئیں آرزوئیں، بجھ بھی چکا زیست سے دل
سازِ ہستی نہیں اب تشنۂ مضراب تو کیا
فکر و اندوہ سے دم بھر بھی تو مہلت نہ ملی
شوقِ تعبیر میں دیکھوں بھی حسیں خواب تو کیا
گرمیٔ سوزِ دروں سے وہ اٹھا شعلۂ غم
خون بھی خشک ہوا، دیدۂ پُرآب تو کیا

دہلی ۱۹۴۵ء

۹۲

چاند تارے سرِ افلاک دمک اٹھیں گے
چھپ گیا وقتِ سفر مہرِ جہاں تاب تو کیا

جن کے دل سے نہ گئی یادِ صنم خانہ ہنوز
آج کرتے ہیں وہ سجدے تہِ محراب، تو کیا

خاک سے اس کی خزاں ہوگی مرتب آخر
مسکرائے جو گھڑی بھر گلِ شاداب، تو کیا

ہے رواں شورشِ طوفاں میں سفینہ اپنا
لبِ ساحل پہ ہو خمیازۂ سیلاب، تو کیا

مجھ سے پہلے نہ ہوئی تھی رہِ ہستی مسدود
مجھ سے جاری نہ ہوا کوئی نیا باب تو کیا

میں وہ ناکامِ تمنا ہوں کہ شامِ غربت
شمعِ سوزاں بھی نہیں جلوۂ مہتاب، تو کیا

نذرِ طوفانِ حوادث ہو جو کشتی کیا ہے :
ہو کے ہلکان اگر خون بھی ہو آب، تو کیا

آسمانوں سے نکل کر ہیں بہت سے عالم
فکر کے واسطے ہے بحرِ جو پایاب، تو کیا

۹۳

منزلت علم و ہنر کی ہے کہاں اب خاور
بحرِ تخیئل سے لاؤں دُرِ نایاب، تو کیا!

دہلی ۱۹۴۵ء

○

چھیڑ مت عشق کے فسانے کو
عمر اک چاہیئے سنانے کو
جبکہ گلشن میں خار و خس بھی نہیں
آگ لگ جائے آشیانے کو!
آدمی آدمی کا دشمن ہے
جانے کیا ہوگیا زمانے کو!
بادہ کش ہیں اسیرِ جوشِ بہار
پھر ہے اک انقلاب آنے کو
اے خرابا تیٔ جنوں! ہشیار!
چرخ ہے دم میں ٹوٹ جانے کو
ہوگئی ختم جب شبِ مہتاب
رہ گئے تارے جھلملانے کو

۹۴

اے اسیرانِ دامِ حرص و ہوس
کھیل سمجھو نہ دل لگانے کو

اپنی تقدیر کا لکھا کہیے
اُن کے شام و سحر ستانے کو

ہے اٹل ہر نوشتۂ قسمت
ہم سمجھتے ہیں اس بہانے کو

میرے ہی ذوقِ سجدہ سے کیوں ہے
دشمنی تیرے آستانے کو؟

اِس طرف غم کا میرے یہ عالم
کیا کہوں اُن کے مسکرانے کو

تو نے روزِ ازل جو چھیڑا تھا
گا رہا ہوں اُسی ترانے کو

لذتِ جلوۂ جمال نہ پوچھ!
چھپ گئے تھے وہ ہوش اڑانے کو

چہرۂ حسن سے نقابِ مجاز
چاہیے حوصلہ اٹھانے کو

۹۵

کچھ سہی، جاؤ تو وہاں خاور
اپنی قسمت ہی آزمانے کو

۱۹۴۵ء

دہلی

حوصلے کبھی اپنے یوں بھی آزماتا ہوں
حادثات کی رو میں مسکرائے جاتا ہوں
آج لے اثر تجھ کو جذب کا دکھاتا ہوں
ہوش کو سنبھال اپنے میں جبیں جھکاتا ہوں
بندگی میں ایسا بھی اک مقام پاتا ہوں
تجھ کو ڈھونڈ لیتا ہوں خود کو بھول جاتا ہوں
مٹ چکی ہیں سب راہیں، راہبر نہیں کوئی
دیکھئے قدم میں اب کس طرف اٹھاتا ہوں
اب تو دید کی خواہش بھی نہیں رہی باقی
اور ہی کچھ اب دل کا اپنے رنگ پاتا ہوں
داغِ دل نہیں مٹتا اشکِ غم بہانے سے
یاد بڑھتی جاتی ہے جس قدر بھلاتا ہوں

۹۶

بے خودی میں کون اکثر یوں تسلّی دیتا ہے
تیرے پاس دلیو لئے اب ذرا میں آتا ہوں

دو جہاں کی نعمت ہے، زیست کا سہارا ہے
درد کی بدولت میں لذّتیں اٹھاتا ہوں

ہر طلسمِ باطل کو توڑتا ہوں وحشت میں
عالمِ تخیّل پر کیف بن کے چھاتا ہوں

جب میں رونے لگتا ہوں لوگ ہنسنے لگتے ہیں
رونے لگتی ہے دنیا میں جو مسکراتا ہوں

برق کانپ اٹھتی ہے موجِ نالۂ غم سے
کائناتِ عالم پر رنگ یوں جماتا ہوں

جستجو طلب بھی ہے فطرتِ فنا آموز
بجلیوں کے سائے میں آشیاں بناتا ہوں

میں کہیں بنا ذرّہ اور کہیں شعاعِ مہر
گلشنِ مظاہر میں گل نئے کھلاتا ہوں

میں ضمیرِ فطرت میں راز بن کے سویا تھا
بزمِ دہر میں اب تک فتنے میں جگاتا ہوں

۹۷

آگہی کے پردے میں ہوں حقیقتوں سے دور
زندگی کے دھوکے میں خود کو بھی مٹاتا ہوں

مستِ رنگ و بو ہوں میں، روحِ گلستاں ہوں میں
جلوے رقص کرتے ہیں جب میں گنگناتا ہوں

تاب کس کو ہے خاور اُس جمالِ روشن کی
ہوش اڑ سے جاتے ہیں جب نظر اٹھاتا ہوں

دہلی　　　　۱۹۴۵ء

○

تمھارے عشق میں غیروں سے ہم کو دشمنی کیوں ہو
عدو کی خانہ ویرانی ہماری زندگی کیوں ہو

سلوکِ ناروا سے ان کے ہم کو برہمی کیوں ہو
جنھیں کانٹوں کا ڈر ہے گل سے ان کی دوستی کیوں ہو

جبیں تقدیر کی میری ہی بل کھائی ہوئی کیوں ہو
جسے کہتی ہے دنیا غم وہ میری ہی خوشی کیوں ہو

گزرتی ہے جو حالت دل پہ میرے گفتنی کیوں ہو
مری صورت ضمیرِ یا وفا کی مدعی کیوں ہو

۹۸

مری بربادیوں پر شبنم افشاں بے کسی کیوں ہو
نشیمن کے اجڑنے کا تماشا دیدنی کیوں ہو

ستم سے شورشِ جوشِ محبت دب نہیں سکتی
وہ چاہیں بھی کہ ہو ذوقِ جنوں میں کچھ کمی کیوں ہو

یہ برقِ طورِ سینا تو نہیں ہے ان کی محفل میں
حواس و ہوش پر طاری یہاں تک بیخودی کیوں ہو

یہ بے تابی کا عالم، یہ مسلسل اضطرابِ دل
تمہاری یاد میں اک لذتِ بیچارگی کیوں ہو

مری کج بینی گمراہی کا باعث ہو تو ہو، لیکن
مری تقدیر کی پستی فلک کی کج روی کیوں ہو

حسینوں کے تصور سے حسیں تر ہے جہانِ غم
وگرنہ روح کی گہرائیوں میں روشنی کیوں ہو

ترے جلووں میں ذوقِ دید جب تحلیل ہو جائے
انا الحق کی صدا پھر وجہِ جرمِ کافری کیوں ہو

یہ مانا حسن کی نیرنگیاں ہیں انقلاب آمیز
جنوں کی کارفرمائی کی بھی صورت نئی کیوں ہو

۹۹

نظارہ در حقیقت حُسنِ نظارہ کو کہتے ہیں
طریقِ بے خودی میں پھر فریبِ آگہی کیوں ہو

تری فطرت جفا پرور بھی اور نامہرباں بھی ہے
مری ہستی کی پامالی کوئی دن اور بھی کیوں ہو

اسیرِ حلقۂ دامِ ہوس ہیں آج اہلِ دل
نہ پھر بدنام دنیا میں مذاقِ عاشقی کیوں ہو

نوائے تلخ سے میری اگر بیزار ہے دنیا
مرے اشعار سن کر اہلِ محفل کو خوشی کیوں ہو

زمانہ ہنستے ہنستے رو پڑے گا ایک دن خاور
مری قسمت میں غم بھی ایک عیشِ عارضی کیوں ہو

دہلی ۱۹۴۵ء

اب کہاں جبینِ شوق ۔ سنگِ آستاں کیسا
مر مٹے تجھی پر جب دل کا امتحاں کیسا

کیا چمن سے نسبت ہے ہم خزاں کے ماروں کو
خوفِ برق کیا ہم کو ۔ فکرِ آشیاں کیسا

۱۰۰

ہم کو وہ بُرا سمجھیں، ہم سے بدگماں ہوں وہ
ہم کو کیا کہ پوچھ اٹھیں: "کہیئے یہ گماں کیسا؟"
کاش ایسی بن جائے درد کی دوا یا رب
اُن کا پوچھنا ہم سے: "درد ہے؟ کہاں؟ کیسا؟"
تم کو کیوں خبر ہوتی غمزدۂ جنوں انجام
خاک ہو چکا کب کا، اس کا اب نشاں کیسا

۱۹۴۴ء نہڑی

○

ہم سے روٹھا ہے یوں نصیب اپنا
بن گیا دوست بھی رقیب اپنا
نہ غرض دوست سے نہ فکرِ عدو
اِن دنوں حال ہے عجیب اپنا
چھوڑ دو مجھ کو میری حالت پر
حال سمجھے گا کیا طبیب اپنا
بھول جائے فروغِ فصلِ بہار
دیکھ لے دل جو عندلیب اپنا

۱۰۱

یہ بھی ہم جانتے نہیں خاور
کون دنیا میں ہے حبیب اپنا

دہلی　　　　۱۹۴۴ء

مجھی سے پوچھتے ہو تم کہ مجھ کو غم کیا ہے
تمھی بتاؤ کہ یہ غمزۂ ستم کیا ہے

رہِ حیات میں یہ ایک دو قدم کیا ہے
مگر یہ دیکھ کہ مجھ ناتواں میں دم کیا ہے

ضمیرِ عشق ہے الطافِ حُسن سے روشن
تمھارے ہوتے ہوئے زندگی میں غم کیا ہے

ستم نواز جنوں نے کیا مجھے عاجز
اگر یہی ہے عنایت تو پھر ستم کیا ہے

ہمارے سامنے غیروں سے ہم کلام ہو تم
کہو کہ ہم ہی سے ایسی تمھیں قسم کیا ہے

گراں سہی غمِ ہستی کی فتنہ سامانی
وہ دل ہی جب نہ رہا، لذّتِ الم کیا ہے

۱۰۲

بدل سکی ہے نہ بدلے گی حُسن کی فطرت
تمھارے سامنے سر بھی اگر ہو خم کیا ہے

نگاہِ قہر سے ہی تم نے ہم کو دیکھ لیا
ہمارے حق میں تو اتنا بھی لطف کم کیا ہے

ہر اِک خوشی غمِ فردا کا پیش خیمہ ہے
قدم قدم پہ ہے غم فکرِ بیش و کم کیا ہے

ہے بزمِ دہر میں معدوم سا وجود مرا
نمود جس کی یہ ہو اُس کا پھر عدم کیا ہے

تری تو آرزوئیں کب کی مٹ چکیں خاور
یہ حسرتِ دلِ ناکام و چشمِ نم کیا ہے

دہلی ۱۹۴۴ء

وہ اگر بے نقاب ہو جائے
ذرّہ بھی آفتاب ہو جائے
دلِ غم آشنا سے کیا شکوہ!
زندگی جب عذاب ہو جائے

۱۰۴

آنکھ اگر ہو رہینِ نظّارہ
دل کی دنیا خراب ہو جائے
تم جو دیکھو تو کائناتِ سکوں
سربسر اضطراب ہو جائے
اے نگاہِ جنوں نوازہ، اب تو
تازہ اِک انقلاب ہو جائے
ٹوٹ جائے طلسمِ رنگ و بو
عشق اگر کامیاب ہو جائے
دلِ ناداں! گر اب تو ضبط نہ ہو
اُن کا زہرہ نہ آب ہو جائے
کاش! جو کچھ کہ خواب دیکھا ہے
وہی تعبیرِ خواب ہو جائے
اُس کی ہستی کو کیا کوئی سمجھے
جو خود اپنا حجاب ہو جائے
تیری قدرت سے کچھ بعید نہیں
کرمِ بے حساب ہو جائے!

۱۰۴

حرمتِ حُسن ہو تو پھر خاور
عشق بھی اِک ثواب ہو جائے

دہلی ۱۹۴۴ء

کس پر ستمِ گردشِ ایّام نہیں ہے
تقدیر مگر موردِ الزام نہیں ہے

وہ دل نہیں راس آئے نہ جس کو غمِ ہستی
وہ جام جو گردش میں نہیں جام نہیں ہے

اے نوحہ گرِ بے کسیٔ عشق! مری سن!
ناداں! تری الفت غلط انجام نہیں ہے

معمورۂ غم میں بھی ہے اُمّید درخشاں
ناکامِ تمنّا کبھی ناکام نہیں ہے

مت چھیڑ کہ آنکھوں میں ہے وہ چشمۂ خونیں
جو پھوٹ پڑا تھمنے کا پھر نام نہیں ہے

اس دورِ ہوس میں نہیں کچھ عشق کی عظمت
لیکن ہوسِ عشق ابھی بدنام نہیں ہے

۱۰۵

سوزاں ہے فروزاں ہے چراغِ غمِ ہستی
یہ کس نے کہا شورشِ آلام نہیں ہے
الحاد کے طوفاں کی ذرا دیکھئے تندی
دنیا میں کہاں فتنۂ اوہام نہیں ہے
یوں حسن بھی ہو جاتا ہے مجبورِ تماشا
جیسے نظرِ بد کا کہیں نام نہیں ہے
اے ذوقِ نظر پردۂ ہستی سے گزر جا
پھر دیکھ وہ جلوہ جو سرِ عام نہیں ہے
ہر برق نشیمن پہ نہیں گرتی ہے خاور
ہر تیرِ نظر عشق کا پیغام نہیں ہے

دہلی ۱۹۴۴ء

○

کسی کے عارضِ گلگوں پہ جب نکھار آیا
زمانہ چیخ اٹھا موسمِ بہار آیا
نگاہیں پھیر کے محفل میں وہ ہزار آیا
مجھے ملال بھی اس کا نہ ایک بار آیا

۱۰۶

تمہارے وعدۂ فردا سے کیا قرار آیا
مجھے پیامِ قضا وقتِ انتظار آیا

وفا فریب نگاہوں نے جال پھیلائے
مرے بھی آئینۂ دل پہ کیا غبار آیا

ہجومِ درد والم، سیلِ گریۂ الفت
یہ سب بھی ساتھ تھے، یوں زندگی گزار آیا

بساطِ عشق پہ دل کی لگائی تھی بازی
یہ حوصلہ تھا کہ میں دل بھی اپنا ہار آیا

تمہارے حسن کی جب لا سکا نہ تاب کوئی
تو پھر خدا کی خدائی پہ اعتبار آیا

اگرچہ کشتیِ الفت شکستہ ہے اے دل!
یہی سفینہ ہزاروں کو پار اُتار آیا

مری نظر نے کئے جذبِ حسن کے جلوے
شبابِ عشق پہ آیا کہ خود نگار آیا

نگاہِ لطف بظاہر مرے قریب آئی
فریب خوردہ تھا مجھ کو نہ اعتبار آیا

۱۰۷

کھلا یہ راز جدا ہو کے تجھ سے خاورؔ پر
جو تیری بزم سے اٹھا وہ سوگوار آیا

دہلی ۱۹۴۴ء

○

کیا گری برق میرے خرمن پر
اِک اداسی ہے سارے گلشن پر

اب کہاں آنکھ میں وہ جوشِ اشک
داغ سے رہ گئے ہیں دامن پر

دوست غمخوار اگر نہیں نہ سہی!
مجھ کو ہے اعتماد دشمن پر!

خود لُٹا دی متاعِ دل ہم نے
ناحق الزام آیا رہزن پر!

لاکھ معصوم حسنِ خود بیں ہو
خونِ ناحق ہے کس کی گردن پر؟

برق نے دی نہ مجھ کو دادِ ستم
رہ گئی کوندکر نشیمن پر!

یاس و حسرت میں جان نکلی تھی
خاک اُڑتی ہے آج مدفن پر
روح ہے انقلاب پر مائل
جامۂ زیست تنگ ہے تن پر
نورِ عرفاں کی اِک تجلّی سے
کھل گئے راز چشمِ روشن پر
کیا اسی کا ہے نام غم خواری؟
لوگ ہنستے ہیں آہ و شیون پر
درخورِ قہر و غم ہیں خاور ہم
کیا کوئی آئے اپنے مسکن پر

دہلی ١٩٤٤ء

ذوقِ جمالِ یار نے دیوانہ کر دیا
اتنا بڑھا کہ ہوش سے بیگانہ کر دیا
دریا دلی نے ساقیٔ میکش نواز کی
لبریز میرے صبر کا پیمانہ کر دیا

١٠٩

اللہ بچائے اُسکے فسونِ نگاہ سے
آیا حرم کعبہ سامنے بت خانہ کر دیا

آنکھیں بھی جذب کر گئیں مستیِ ضیائے طور
یوں ہم نے شمعِ حسن کو پروانہ کر دیا

آنسو چھلک کے دیدۂ پرنم سے گر پڑے
کیوں رازِ فاش اے غمِ جانانہ کر دیا

طوفانِ فتنہ ساز نے فصلِ بہار میں
گلشن مری حیات کا ویرانہ کر دیا

شایانِ شانِ عشق یہ آہ و فغاں نہ تھی
یہ تو نے کیا غضب دلِ دیوانہ کر دیا!

سمجھایا لاکھ عقل نے دل نے مگر وہیں
افشا نیاز و ناز کا افسانہ کر دیا

خاور فریبِ ہستیِ ناپائیدار نے
ذوقِ عمل سے زیست کو بیگانہ کر دیا

۱۹۴۳ء	دہلی

یوں دل بھر آیا غم میں کہ آنسو ٹپک گئے
آخر شرابِ زیست کے ساغر چھلک گئے

شب درد زخمہ زن ہوا جب تارِ اشک پر
پردے حریمِ حسن کے خود ہی سرک گئے

جب سازِ عشقِ زیست نے چھیڑا شبِ الم
چشمِ حزیں سے اشکِ تمنا ڈھلک گئے

دشوار راہِ عشق ہے منزل بھی ہے کٹھن
ہم سر کے بل چلیں گے اگر پاؤں تھک گئے

سرخی نہیں شفق کی یہ ہے آگ سی لگی
شعلے یہ کس کی آہ کے سوئے فلک گئے

ہم دُرِّ شاہوار سمجھتے رہے اُنھیں
جو ذرّے چاندنی میں سرِ رہ چمک گئے

گن گن کے تارے رات گزارا گئے مگر
وہ بھی سحر کے آتے ہی آنکھیں جھپک گئے

۱۱۱

دل میں تمہاری یاد نے ایسی لگائی آگ
نکلی لبوں سے آہ تو شعلے بھڑک گئے

سینے سے غم لگائے ہوں غم مجھ کو ہے عزیز
غم ہی کہاں رہا اگر آنسو ٹپک گئے

منزل رسی میں طاق رہا میرا پائے شوق
وہ اور ہوں گے جو سرِ منزل بھٹک گئے

خاور جنوں کا مل نہ سکا آخری مقام
گو ہم خرد سے آگے بہت دور تک گئے

دہلی　　　　　　　　　　　　۱۳؍۹؍۶ء

"نوا بگو شت اگر مختلف رسد، چہ عجب!
کہ یک ترانۂ ما در ہزار آہنگ است"

ہزار آہنگ

خاور قریشی